New 가나다 KOREAN

カナタ KOREAN 中級 ②

カナタ韓国語学院 著

国書刊行会

はじめに

　「カナタ韓国語学院」は設立以来、韓国語教授法や教材開発に尽力してまいりました。その集大成ともいえる『カナタ(가나다)KOREAN』シリーズは本校のテキストであり、体系的かつ実用的な内容から、多くの方々のご好評をいただいております。本書発刊よりはや10年を迎え、これまで培ってきた成果を集約し、この度新たに改訂版を出版する運びとなりました。

　『New カナタKOREAN』は、韓国語総合テキストとして韓国語コミュニケーション力の向上を目標に掲げており、1級から6級までの全6巻を刊行しています。学習レベルと使用頻度を考慮して語彙と文法を段階的に配置し、学習効率をアップさせるため、イラストと写真を最大限に活用しました。また、外国の方が韓国で生活する際、実際に接する場面を重点的に取り上げることによって、より自然な韓国語を学習できるよう工夫しました。本書を通じて韓国語を効果的に学習することで、実生活で使える生きた韓国語をマスターできることでしょう。

　本書は旧版同様、英語版、日本語版、中国語版が出版されており、各巻ごとにリスニング力を伸ばすためのCDが付いています。また、本書副教材のワークブックも出版しました。

　本校教師陣の豊かな教授経験をもとに作られた本書が韓国語を学ぼうとする方々の実践的な学習に役立ち、韓国語を教える方々の参考となることを心より願ってやみません。本テキスト執筆陣は、今後も韓国語教育の発展および教材開発にいっそう努力してまいります。

　最後に、本書の出版にご協力くださったランゲージプラスの嚴泰相社長をはじめ、多くの方々に深く御礼申し上げます。

　　　　　　　　　　　　　　　　　　　　　　　　　　　カナタ韓国語学院

この本は『New カナタKOREAN』初級1、2と中級1を学習した方を対象にカナタ韓国語学院の授業日程に合わせて構成されています。韓国語のスピーキング、リスニング、リーディング、ライティング全ての領域をバランスよく学習できるよう構成し、韓国人の日常生活や文化を理解することを基本目標としています。

会話の部分では、会話を繰り返して読み、発音を練習し、新しい語彙と表現を習います。会話と語彙には訳がついています。

「文法」では「会話」に出てきた文法項目の意味と用法を例文とともに説明してあります。

「類型練習」では使用頻度の高い基本文型をイラストを見ながら練習できるようになっています。「類型練習」に必要な新出単語の訳も載せてあります。

「リスニング」はその課で扱った文型や単語を聞いて理解できるよう、また中級レベルにおいても実生活での聞き取りに近い内容が学習できるよう構成しています。

「リーディング」ではその課のトピックや場面に関連したストーリーや会話など多様なテキストを盛り込んだ読解問題を扱っています。新出単語の訳もあり、本文の訳は別途付録に収録してあります。

「教室活動」では学習効果を高めるため、様々なスピーキング練習を取り入れています。

ここでは、より語彙の幅を広げるための、単元に関連した単語が出てきます。

「韓国文化探訪」は知っているとちょっとお得な韓国生活情報を中心に紹介しています。

付録には「リスニング」と「リーディング」の解答、「リスニング」のスクリプト、「リーディング」の訳が載っています。

CDに収録された「会話」、「類型練習」、「リスニング」の本文を繰り返し聞くことにより、韓国語の発音とイントネーション、そしてリスニング能力を効果的に伸ばすことができます。

登場人物

한국남
ハン・ククナム

・韓国人
・広告会社　部長
・54歳

김예진
キム・イェジン

・韓国人
・主婦　（ハン部長の妻）
・51歳

한지원
ハン・ジウォン

・韓国人
・大学生　（ハン部長の娘）
・23歳

이민석
イ・ミンソク

・韓国人
・広告会社　代理
　（スージーの同僚）
・33歳

다니엘
ダニエル

・ドイツ人
・スージーの同僚
・36歳

수지 콜린
スージー・コーリン

・アメリカ人
・広告会社のデザイナー
・31歳

오혜정
オ・ヘジョン

・韓国人
・広告会社　課長
・35歳

마이클
マイケル

・アメリカ人
・英語講師
　（スージーの友達）
・28歳

류징
リュジン

・中国人
・韓国語研修生
　（スージーの友達）
・28歳

사토 메구미
さとう　めぐみ
（佐藤恵美）

・日本人
・日本の放送局の記者
　（スージーの友達）
・32歳

바투
バトゥ

・モンゴル人
・韓国語研修生
　（スージーの友達）
・21歳

目次

주제	과	기능	문법	듣기	읽기	활동	기타
사라지는 것들과 생겨나는 것들	1과	· 사라지는 물건 · 대립, 추측 말하기	1. -(으)ㄴ 반면에 2. -(으)ㄹ지도 모르다 3. -다는 말이다		우리 곁에서 사라지는 것들		(문화) 한국인의 성
	2과	· 새로 생겨나는 물건 · 실수, 예정, 선택 말하기	1. -(느)ㄴ다는 게 2. -(으)려던 참이다 3. -든지 -든지	(듣기)			(단어) 기호
	3과	· 없어지는 직업과 생겨나는 직업 · 강한 부정 말하기	1. -(으)ㄴ 줄 모르다 2. -기는요 3. -(으)ㄹ까 하다			사라지는 것, 생겨나는 것	
외국인의 눈으로 본 한국	4과	· 한국의 호칭 익히기 · 추측 말하기	1. -(으)ㄴ가 보다 2. - 정도로 3. -을/를 통해서		콩글리시와 찜질방		(문화) 한국의 술 문화
	5과	· 식사, 음주 문화 · 양보, 제외 말하기	1. -보고 2. -더라도 3. -말고는	(듣기)			(단어) 콩글리시
	6과	· 거리 문화 · 첨가, 부정 말하기	1. -에다가 -(으)ㄴ 데다가 2. 아무 -도 3. -곤 하다			설문조사	
IT와 생활	7과	· 스마트폰과 최신 전자제품 · 망설임, 수락 말하기	1. -(으)ㄹ까 -(으)ㄹ까 2. -고말고요 3. - 못지않다		짧은 글, 긴 생각		(문화) K-pop
	8과	· 인터넷 예절 · 추측, 이유 말하기	1. -고 해서 2. -(으)ㄴ 모양이다 3. -(이)나 다름없다	(듣기)			(발음) 'ㄴ」첨가
	9과	· IT 기기의 발달로 달라지는 것들 · 감탄, 목적 말하기	1. 얼마나 -(으)ㄴ지 모르다 2. -게 3. -에 의하면			리플 달기	
공공생활	10과	· 청구서, 공과금 · 가정말하기 · 목표, 도달, 정도 말하기	1. -았/었더라면 2. -(으)ㄹ 뻔하다 3. -도록		· 에너지 절약법 3 · 3 · 3 · 공동 주택에서의 예절		(문화) 징병 제도
	11과	· 비자 연장, 공공 장소에서의 업무 · 변화, 완료형 말하기	1. -아/어 가다(오다) 2. -(으)ㄴ데요, 뭘 3. -았/었었다	(듣기)			
	12과	· 휴대 전화 개통 · 선택, 기준 말하기	1. -거나 -거나 2. -기에 3. -에 한해서			한국의 속담	(단어) 체조
가족의 변화	13과	· 가족 형태의 변화 · 회상, 추측 말하기	1. -더라 2. -지 3. -(으)ㄴ 듯하다		돌림자를 사용해요		(단어) 한국의 속담
	14과	· 다문화 가정 · 대립, 반박 말하기	1. -(으)려면 멀었다 2. -(으)면서도 3. -(으)ㄴ걸요	(듣기)			
	15과	· 결혼의 형태 · 비교, 최상 말하기	1. -다니 2. -에 달려 있다			재미로 하는 심리 테스트	

주제	과	기능	문법	듣기	읽기	활동	기타
기념일과 경조사	16과	· 여러 가지 기념일 · 꾸밈, 이유 말하기	1. -(으)ㄴ 척하다 2. -(으)로 3. 아무 -(이)나		남편의 휴대 전화 속 당신의 이름은?		
	17과	· 장례 문화 · 우려, 대립 말하기	1. - 같으면 2. -(으)ㄴ지 모르겠다 3. -(으)나	(듣기)			(문화) 해몽
	18과	· 명절 · 반복에 따른 변화, 당연한 이치 말하기	1. -(으)ㄹ수록 2. - 다 - 3. -는 법이다			나의 인생	
소비와 절약	19과	· 충동 구매 · 완료, 결과 말하기	1. -다가 보면 2. -아/어 버리다 3. -다가		나만의 명품		(단어) 한국의 기념일
	20과	· 다양한 소비 생활 · 의도 말하기	1. - 끝에 2. -자면 3. -느냐에 따라	(듣기)			(단어) 의성어 · 의태어
	21과	· 절약하는 생활 · 다짐, 기준 말하기	1. -지요 2. -기로 3. -(으)ㄹ 따름이다			돈을 어떻게 쓰십니까?	
지역과 축제	22과	· 제주 올레길과 걷기 문화 · 나열, 경험 말하기	1. -(으)며 2. -아/어 가면서 3. -다가 보니까		안동 하회 마을		
	23과	· 부산 국제 영화제와 지역 축제 · 목적, 기능 말하기 · 가치, 후회 말하기	1. - 겸 2. -(으)ㄹ 만하다 3. -(으)ㄹ걸	(듣기)			
	24과	· 한강과 서울의 명소 · 열거, 실패 말하기	1. -(이)며 2. -(으)ㄹ 게 아니라 3. -(으)려다가			이럴 때 어떻게 하시겠습니까?	(문화) 한국의 행정 구역
환경과 미래	25과	· 환경 문제와 기후 변화 · 이유, 걱정, 비난 말하기	1. - 탓 2. -(으)ㄹ까 봐서 3. -(으)면 어떻게 해요?		한국의 동전		
	26과	· 벼룩시장과 재활용 · 원인, 연달아 함, 강조 말하기	1. -는 바람에 2. -아/어다가 3. -다니까요	(듣기)			(문화) 쓰레기 분리수거
	27과	· 미래 에너지 · 착각, 이유 말하기	1. -(으)ㄴ 줄 알았다 2. -느라고 3. -기 마련이다			벼룩시장	(단어) 한국의 역사
한류	28과	· K-pop과 한류 문화 · 부정, 설명 말하기	1. -고도 남다 2. -조차 3. -답니다		뽀뽀뽀뽀, 괜찮아		
	29과	· 한식의 세계화 · 권유, 완료 말하기	1. -지 그래요? 2. -고 말다 3. -(으)ㄹ걸요	(듣기)			(단어) 도구
	30과	· 한글의 세계화 · 이유, 부정 말하기	1. -(으)므로 2. -커녕 3. -(으)ㄹ 리가 없다			재미있는 한글 놀이	

제1과 종이로 된 책이 없어질지도 모르겠군요

01-01

류 징 : 요즘은 지하철에서 책이나 신문을 읽는 사람이 거의 없어요.
사람들이 점점 책을 안 읽는 것 같아요.

메구미 : 그런 게 아니라 예전에는 인쇄된 책이나 신문을 읽었던 반면에
요즘은 휴대용 컴퓨터나 스마트폰으로 전자책도 읽고 신문도 봐서
그럴 거예요.

류 징 : 그렇다면 종이로 된 책이나 신문이 곧 없어질지도 모르겠군요.
얼마 전에 미국의 한 신문사에서는 앞으로 신문을 인쇄하지
않겠다고 했다던데…….

메구미 : 정말요? 그럼 앞으로 종이 신문이 없어진단 말이에요?

류 징 : 사람들이 인쇄된 신문을 읽지 않게 되면 그럴 수도 있지 않을까요?

메구미 : 그러면 나중에 잡지는 물론 학교 교과서도 없어지는 거 아니에요?

류 징 : 충분히 그럴 수 있다고 봐요.

◉ **단어와 표현** 単語と表現

- □ **인쇄되다** 印刷される
- □ **없어지다** なくなる
- □ **휴대용** 携帯用
- □ **충분히** 十分に
- □ **전자책** 電子書籍

リュジン： 最近は地下鉄で本や新聞を読んでいる人がほとんどいません。みんなだんだん本を読まなくなっているようです。

めぐみ： そうじゃなくて、昔は印刷された本や新聞を読んでいた反面、最近はタブレットやスマートフォンで電子書籍も読んで新聞も読んでいるからだと思います。

リュジン： そうだとしたら、紙でできた本や新聞はもうすぐなくなるかもしれませんね。すこし前にアメリカのある新聞社では、これから新聞は印刷しないと言っていたようですけど……。

めぐみ： 本当ですか。じゃあこれから紙の新聞はなくなるということですか。

リュジン： みんなが印刷された新聞を読まなくなったら、そうなる可能性もあるんじゃないでしょうか。

めぐみ： それじゃあ、あとあと雑誌はもちろん学校の教科書もなくなるんじゃないですか。

リュジン： 十分にその可能性はあると見ています。

 文法

1 -(으)ㄴ 반면에

➥ 動詞や形容詞の連結型の語尾に「-(으)ㄴ/는/던」が付いて相反する二つの事実を前後で並べるときに用いられる。

보기 우리 형은 성격이 내성적인 반면에 저는 좀 외향적인 편이에요.
私の兄は性格が内向的な反面、私は少し外向的なほうです。

고려 시대에는 청자가 일반적이었던 반면에 조선 시대에는 백자가 일반적이었습니다.
高麗時代では青磁が一般的だった反面、朝鮮時代では白磁が一般的でした。

그 사람은 일은 잘하는 반면에 대인 관계에서는 평판이 좋지 않아요.
その人は仕事がよくできる反面、対人関係では評判がよくありません。

2 −(으)ㄹ지도 모르다

➥ 叙述語の語幹に付いて「前述の事実が起こる可能性がある」ことを表す。

보기 제가 내일 못 올지도 몰라요.
私は明日来られないかもしれません。

제 마음이 변할지도 모르니까 너무 믿지 마세요.
私の気が変わるかもしれないので、あまり信じないでください。

생각지도 못했던 일이 생길지도 모르니까 항상 미리 대비해야 해요.
考えもしなかった事が起こるかもしれないので、常に前もって備えなければなりません。

3 −다는 말이다

➥ 「−말이다」（『中級1』第7課文法参照）が間接話法と連結した「−다고 하는 말이에요」から「고 하」が省略されたもの。平叙文である「−다는 말이에요」は、話者が自分の言った内容を繰り返して確認するときに用いられる。また、疑問文である「−다는 말이에요?」は、相手が話した内容を話者が確認するときや、話を聞いて驚いていることを表すときに用いられる。間接話法のすべての形が使用可能で、省略形「−단 말이다」も使用できる。

보기 제 말의 뜻은 누구의 잘못도 아니라는 말이에요.
私の言った意味は、誰のせいでもないということです。

지금 그 말은 여기에서 나가라는 말인가요?
今のその言葉は、ここから出て行けということですか。

같은 이야기 자꾸 하지 말고, 결국 어떻게 하자는 말이에요?
同じ話を何度もしないでください。結局どうしろということなんですか。

1

보기

그 회사는 월급이 많다 /
늦게까지 일을 시켜요.

그 회사는 월급이 많은 반면에 늦게까지
일을 시켜요.

(1) 가게가 오전에는 복잡하다 / 오후에는 한산한 편이에요.

(2) 아이가 공부는 잘하다 / 예능에는 소질이 없는 것 같아요.

(3) 휘발유 값이 올라서 승용차 이용이 줄었다 / 대중교통 이용은 늘었어요.

(4) 물가는 안정되었다 / 경제 성장률은 떨어졌습니다.

2

보기

눈은 아빠를 닮았다 /
코와 입은 엄마를 닮았어요.

가 : 아이가 아빠를 닮았어요?
나 : 눈은 아빠를 닮은 반면에 코와 입은
엄마를 닮았어요.

(1) 여름에는 비가 많이 와서 습도가 높다
/ 겨울에는 건조해요.

한국의 날씨는 어때요?

(2) 수학은 어렵다 /
영어는 쉬운 편이었어요.

학기말 시험이 어려웠어요?

(3) 거실은 따뜻한 분위기로 했다 /
방은 귀여운 느낌으로 꾸몄어요.

새로 이사한 집의 인테리어는
어떻게 하셨어요?

(4) 고기와 생선 값은 올랐다 /
채소 값은 내렸어요.

요즘 생필품 값이 올랐어요?

3

이번 학기가 끝나면 고향에 돌아가다

이번 학기가 끝나면 고향에 돌아갈지도
몰라요.

(1) 음식이 모자라다

(2) 우리의 예상이 틀리다

(3) 빚을 못 갚으면 집을 팔아야 하다

(4) 제인 씨가 한국에 오래 살았지만 아직 제
주도에 못 가 봤다

4

가영 씨가 일본에서 1년 살았으니까 일본말을 잘하다

가 : 누가 일본말을 잘해요?
나 : 가영 씨가 일본에서 1년 살았으니까 일본말을
잘할지도 몰라요.

비가 오다 / 그러니까 우산을 가지고 가.

가 : 엄마, 학교에 다녀 오겠습니다.
나 : 비가 올지도 모르니까 우산을 가지고 가.

14

(1) 너무 좋아서 울다

복권 1등에 당첨된다면 어떠실 것 같아요?

(2) 지구 온난화 때문에 북극의 빙하가 다 녹다

지구가 점점 더워지고 있는 것 같아요.

(3) 다른 곳으로 이사하셨다

하 선생님께 보낸 카드가 되돌아왔네요. 어떻게 된 거지?

(4) 길이 막히다 / 그러니까 서둘러서 나갑시다.

30분 후에 출발하는 게 어때요?

5

01-06

보기

닮다

아까 배웠는데 벌써 잊어버렸다

가 : 이 단어의 의미가 뭐예요?
나 : 아까 배웠는데 벌써 잊어버렸단 말이에요?

(1) 저 배우하고 고등학교 동창이다

저 영화배우랑 고등학교를 같이 다녔어요.

(2) 병이 나을 가능성이 없다

이 병은 더 이상 치료 방법이 없어요.

(3) 이제 와서 취소하겠다

지난번에 부탁한 거 해 드릴 수 없을 것 같아요.

(4) 대전까지 한 시간밖에 걸리지 않다

여기에서 9시에 떠나도 10시에는 대전에 도착할 수 있어요.

단어 単語

□한산하다 閑散としている　□예능 芸能　□소질 素質　□휘발유 ガソリン　□승용차 乗用車
□줄다 減る　□안정되다 安定する　□성장률 成長率　□습도 湿度　□건조하다 乾燥する
□꾸미다 飾る　□생필품 生活必需品　□빚 借金　□복권 宝くじ　□당첨되다 当選する
□지구온난화 地球温暖化　□북극 北極　□빙하 氷河　□되돌아오다 戻ってくる　□가능성 可能性
□더 이상 これ以上

우리 곁에서 사라지는 것들

우리는 수많은 변화 속에 살고 있습니다. 우리도 모르는 사이에 많은 것들이 변하고 있어서 지금 우리 눈앞에 있는 것들이 몇 년 후에는 이 세상에서 사라질지도 모릅니다. 이렇게 빠른 변화는 우리를 설레게 하는 반면에 아쉬움을 주기도 합니다. 우리 곁에서 사라지는 것들, 어떤 것들이 있을까요?

동네마다 사람들이 자주 오고 가는 길가에 놓여 있던 빨간 우체통.

요즘 우체통 찾아보기도 쉽지 않습니다. 손으로 직접 쓴 편지나 카드 대신에 빠르고 편리한 이메일과 전자 카드, 문자 메시지로 안부를 전하는 사람들이 많아졌기 때문입니다. 썼다가 지웠다가 하기를 여러 번, 읽고 또 읽고 난 후에 우표를 붙여서 설레는 마음으로 우체통에 편지를 넣던 기억이 있는 사람이라면 점점 사라지는 우체통이 많이 아쉬울 겁니다.

버스 정류장 근처에서 쉽게 보이던 공중전화도 언제부터인가 보기 힘들어졌습니다. 집에서 유선 전화를 안 쓰는 사람도 많고요. 어른 아이 모두 갖게 된 휴대 전화가 유선 전화의 자리를 대신하게 된 것입니다. 특히 휴대 전화는 그 기능이 매우 다양하고 장점이 많아서 유선 전화는 머지않아 아주 사라질지도 모릅니다.

우리 주위에서 새로 생겨나고 사라지는 것들.

새것이 다 좋은 것도 아니고 옛날 것이 다 버려야 하는 건 아닐 겁니다. 편리성을 추구해서 옛것을 다 버린다면 어떻게 될까요? 새것을 받아들이면서 옛것도 지킬 수 있는 좋은 방법은 없을까요?

1 윗글을 읽고 앞으로 사라질지도 모르는 것들과 사라지게 될 이유를 쓰십시오.

사라질 것	이유

2 윗글의 내용과 <u>다른</u> 것을 고르십시오.

① 우체통에 편지를 넣을 때 설레는 마음을 갖게 된다.　② 새로운 것이 모두 좋은 것은 아니다.

③ 유선 전화가 휴대 전화 대신에 많이 쓰이고 있다.　④ 빠른 변화 때문에 아쉬움을 느낄 때가 있다.

단어 単語

- □ 사라지다 消える
- □ 설레다 ときめく
- □ 전자 카드 電子カード
- □ 대신하다 代わりをする
- □ 머지않아 じきに
- □ 수많다 数多い
- □ 아쉽다 名残惜しい
- □ 안부 安否
- □ 기능 機能
- □ 추구하다 追求する
- □ 변화 変化
- □ 길가 道端
- □ 유선 전화 有線の電話
- □ 장점 長所
- □ 받아들이다 受け入れる

한국 문화 엿보기　韓国文化探訪

韓国人の姓

韓国人の姓は何種類になるだろうか。昔の記録では486種類にも及ぶが、現在では約260種類ほどである。その姓をじっくり見てみると下のようによく見る姓、めずらしい姓、二文字の姓の3つの部類に分けることができる。

1. よく見る姓　48種類

이(李), 김(金), 박(朴), 최(崔), 정(鄭), 안(安), 조(趙), 강(姜), 장(張), 한(韓), 윤(尹), 오(吳), 임(林), 신(申), 송(宋), 서(徐), 황(黃), 홍(洪), 전(全), 권(權), 유(柳), 고(高), 백(白), 양(梁), 손(孫), 차(車), 허(許), 배(裵), 조(曹), 노(盧), 남(南), 전(田), 강(康), 임(任), 곽(郭), 우(禹), 정(丁), 나(羅), 원(元), 하(河), 민(閔), 구(具), 엄(嚴), 성(城), 신(辛), 유(兪), 채(蔡), 심(沈)

2. めずらしい姓　194種類

지(池), 변(邊), 여(呂), 변(卞), 신(愼), 문(文), 유(劉), 주(朱), 현(玄), 방(方), 진(陳), 함(咸), 천(千), 염(廉), 양(楊), 공(孔), 길(吉), 석(石), 노(魯), 추(秋), 도(都), 설(薛), 연(延), 표(表), 계(桂), 부(夫), 예(芮), 목(睦), 피(皮), 복(卜), 두(杜), 갈(葛), 호(扈), 전(錢), 육(陸), 반(潘), 방(房), 모(毛), 경(景), 국(鞠), 용(龍), 명(明), 이(異), 제(諸) 등

3. 二文字の姓　15種類

남궁(南宮), 선우(鮮宇), 황보(皇甫), 독고(獨孤), 사공(司空), 제갈(諸葛), 서문(西門), 동방(東方), 석말(石抹), 부여(扶餘), 영호(令狐), 사마(司馬), 하후(夏候), 공손(公孫), 을지(乙支)

韓国では子どもの姓は父親の姓にすることになっている。しかし最近、一部の女性人権運動家を中心に、親の姓を両方一緒に使おうという動きがだんだんと広まる傾向にある。しかし現行法では父親の姓のみを認めている。

제2과 그렇지 않아도 번호 키로 바꾸려던 참이었는데

02-01

부　　인 : 오전에 약속이 있어서 나가려는데 열쇠를 못 찾아서 30분이나
　　　　　늦었어요. 매번 조심한다는 게 잘 안 되네요.

한 부장 : 열쇠를 늘 제자리에 놔두면 될 텐데……. 나도 그게 잘 안 되기는
　　　　　하지만.

부　　인 : 그렇지 않아도 번호 키로 바꾸려던 참이었는데 이번 기회에
　　　　　바꾸는 게 어때요?

한 부장 : 내 친구가 이사한 아파트는 손가락을 대면 문이 열린다고 하던데.

부　　인 : 영화에서 본 것처럼 말이지요? 그게 더 간편하겠네요.

한 부장 : 앞으로는 지문이나 눈, 얼굴 같은 신체 부위로 문을 열게 될 거야.
　　　　　어쨌든 번호식이든지 지문식이든지 이번에 바꿉시다.

◉ **단어와 표현** 単語と表現

- □ **제자리** 元の場所
- □ **그렇지 않아도** そうでなくても、ちょうど
- □ **대다** あてる、かざす
- □ **간편하다** 簡単で便利だ
- □ **지문** 指紋
- □ **신체** 身体
- □ **부위** 部位
- □ **-식** 〜式

夫人 ： 午前に約束があるので出かけようと思ったんですが、鍵が見つからなくて30分も遅れました。毎回気をつけるつもりでいても、なかなかそうはいきませんね。

ハン部長 ： 鍵をいつも元の場所に置いておけばいいはずなんですが……。私もそれがちゃんとできてはいないんですが。

夫人 ： ちょうど番号キーに変えようとしていたところだったんですが、この機会に変えるのはどうですか。

ハン部長 ： 私の友だちが引っ越したアパートは指をかざすと扉が開くらしいです。

夫人 ： 映画で見たようにですよね？ それがもっと簡単で便利そうですね。

ハン部長 ： これからは指紋や目、顔のような身体の部位で扉を開けるようになるでしょうね。とにかく、番号式なり指紋式なりこの機会に変えましょう。

文法

1 -(느)ㄴ다는 게

➡ 「-(느)ㄴ다는 것이」の省略形。動詞の語幹に付いて用いられる。主語が「先行する動作をしようとするが、意図とは異なり結果的に後続の動作をしてしまう」ことを意味する。

보기 시청역에서 내린다는 것이 졸다가 종로까지 갔어요.
市庁駅で降りるつもりが、居眠りをして鍾路駅まで行ってしまいました。

거래처로 전화한다는 게 집으로 전화를 걸었네요.
取引先に電話をするつもりが、家に電話をかけてしまいました。

음식을 많이 만들지 않는다는 게 또 이렇게 많이 만들었어요.
食べ物をたくさん作らないつもりが、またこんなにたくさん作ってしまいました。

2 -(으)려던 참이다

➥ 「機会や予定」を表す不完全名詞「참」が「-(으)려던 참이에요」の形で用いられると「話者の動作や意図、考えが相手のそれと偶然一致した」ことを意味する。このとき、「그렇지 않아도」とよく一緒に用いられる。また、これ以外に「-(으)ㄹ 참이다」や「-던 참이다」の形でも用いられる。

| 보기 | 부모님께는 말하지 않을 참이에요.　両親には言わないでおこうと思っていたところです。 |

　　　　나도 먹고 싶던 참에 불고기를 먹자니 잘됐네요.
　　　　私も食べたかったところにプルコギを食べようなんて、ちょうどよかったですね。

　　　　그렇지 않아도 확인해 보려던 참이었는데 이렇게 대신해 주셔서 감사합니다.
　　　　ちょうど確認してみようと思っていたところだったんですが、このように代わりにしてくださってありがとうございます。

3 -든지 -든지

➥ 選択を表す「-든지」(『初級2』第3課文法参照)が叙述語の語幹に付いて2回以上繰り返されて用いられる場合、「どれを選択しても関係ない」という意味を表す。同じ動詞に付いて肯定・否定の選択を表す場合は「-든지 말든지」の形を用いる。

| 보기 | 이쪽으로 가든지 저쪽으로 돌아가든지 시간은 마찬가지예요. |

　　　　こっちに行くにせよあっちに回っていくにせよ、時間は同じです。

　　　　그 사람이 죽었든지 살았든지 저하고는 상관없는 일이에요.
　　　　その人が死んでいようが生きていようが、私には関係のないことです。

　　　　밥은 차려 놓았으니까 먹든지 말든지 마음대로 하세요.
　　　　食事は用意しておいたので、食べるにせよ食べないにせよ好きにしてください。

1

보기

설탕을 넣다 / 소금을 넣었어요.

가 : 맛이 좀 이상한데요. 왜 이렇지요?
나 : 설탕을 넣는다는 게 소금을 넣었어요.

(1) 네, 아껴서 쓰다
/ 사고 싶은 것이 많아서 다 썼어요.

한 달 용돈을 벌써 다 썼어요?

(2) 한 잔만 하다 / 3차까지 갔어요.

왜 이렇게 많이 취했어요?

(3) 네, 3번을 누르다
/ 4번을 누른 것 같아요.

전화를 잘못 걸었어요?

(4) 아니요, 어제 숙제를 하고 자다
/ 그냥 잤어요.

숙제를 다 해 왔어요?

2

보기

소포를 부치러 우체국에 가다

그렇지 않아도 소포를 부치러 우체국에 가
려던 참이에요.

(1) 장 선생님에게 전화를 걸다

(2) 볼일이 있어서 외출하다

(3) 커피를 한 잔 마시다

(4) 비행기 시간을 알아보다

3

| 보기 |

막 먹다

가 : 밥을 먹고 나서 약을 잡수셨어요?
나 : 그렇지 않아도 막 먹으려던 참이었
어요.

(1) **부모님께 말씀드리다**

그 사실을 부모님께서 아십니까?

(2) **저도 식사하러 가다**

배가 고픈데 같이 식사하러 갈래요?

(3) **일찍 집에 가서 쉬다**

얼굴색이 안 좋은데 좀 쉬는 게 어
때요?

(4) **지금 걸레로 닦다**

바닥에 물이 있어서 닦아야겠어요.

4

| 보기 |

민박을 하다 / 호텔에서 숙박하다
/ 마음대로 하세요.

민박을 하든지 호텔에서 숙박하든지 마
음대로 하세요.

(1) 계획을 취소하다 / 연기하다 / 알아서 하세요.

(2) 소금을 넣다 / 간장을 넣다 / 다 괜찮아요.

(3) 빠른우편으로 보내다 / 보통으로 보내다 / 상관없어요.

(4) 가다 / 말다 / 마음대로 하세요.

5

02-06

보기

지현씨가 울다 / 말다
/ 제가 무슨 상관이에요?

가 : 지현 씨가 왜 울어요?
나 : 지현씨가 울든지 말든지 제가 무슨
상관이에요?

(1) 지금 신청하시다 / 나중에 하시다
/ 별 차이가 없을 거예요.

지금 신청하지 않고 나중에 해도
됩니까?

(2) 카드로 계산하다 / 현금으로 계산하다
/ 하고 싶은 대로 하세요.

카드로 계산해도 돼요?

(3) 결혼을 했다 / 안 했다 / 그건 중요하지
않다고 생각해요.

결혼한 사람은 이 회사에 들어올
수 없나요?

(4) 아이가 하다 / 말다 / 그냥 두면 스스로
할 거예요.

우리 아이는 스스로 하려고 하지
않아서 걱정이에요.

단어 単語 □취하다 酔う □누르다 押す ■볼일 用事 □걸레 ぞうきん ■바닥 床 □민박 民宿
□숙박하다 宿泊する □마음대로 好きなように □빠른우편 速達 □상관없다 関係ない
□차이 違い

1   듣고 질문에 대답하십시오.   音声を聞いて質問に答えなさい。 02-07

(1) 사람들이 많이 사용하는 카메라가 어떻게 변했는지 쓰십시오.

☐ → ☐ → ☐

(2) 윗글의 중심 내용으로 알맞은 것은 무엇입니까? ☐

① 카메라만 봐도 세상이 점점 편해지고 있다.

② 사진기 기능이 좋아진 반면에 사용법이 복잡해졌다.

③ 주위에 사라지는 것들이 많아서 안타깝다.

④ 필름 카메라로 찍은 사진이 제일 변하지 않는다.

2   듣고 맞는 것을 고르십시오. ☐   02-08

音声を聞いて合うものを選びなさい。

① 이 남자가 약속을 지키지 못할 것 같습니다.

② 이 남자는 아직 사무실에서 나오지 않았습니다.

③ 이 남자가 먼저 전화를 건 것 같습니다.

④ 이 남자는 약속 장소에 시간 맞춰 나갔습니다.

3   듣고 이어지는 말을 고르십시오. ☐   02-09

音声を聞いて続く答えを選びなさい。

① 벌써 저에게 메일을 보내셨단 말이에요?

② 그렇지 않아도 컴퓨터에서 파일을 찾아보려던 참이었어요.

③ 컴퓨터에 저장을 한다는 게 깜빡 잊었어요.

④ 컴퓨터가 편리한 반면에 문제가 생길 때도 있어요.

수학기호

덧셈　2 + 3 = 5 (2 더하기 3은 5)　　　뺄셈　10 − 4 = 6 (10 빼기 4는 6)

곱셈　5 × 6 (5 곱하기 6)　　　　　　　나눗셈　14 ÷ 2 (14 나누기 2)

분수　$\frac{1}{3}$ (3분의 1), $5\frac{2}{3}$ (5와 3분의 2)

문장부호

?　물음표　　　　　　　　　　　　!　느낌표

.　마침표　　　　　　　　　　　　,　쉼표

……　말줄임표　　　　　　　　　( )　괄호

→　화살표　　　　　　　　　　" ", ' '　따옴표

단위

60km/h　시속 60킬로미터　　　　10℃, −3℃　영상 10도, 영하 3도

도형

○　동그라미, 원

△　세모, 삼각형

□　네모, 사각형

제3과 잔심부름 대행업체는 도대체 뭐예요?

03-01

메구미 : '심부름센터'는 들어 봤는데 '잔심부름 대행업체'는 도대체 뭐예요?

류 징 : 사소한 심부름을 해 주는 곳이에요. 주로 담배나 약 심부름,
장보기, 관공서에서 서류 떼어 오기, 밤길 함께 걸어주기 등요.

메구미 : 재미있군요. 이런 일을 해 주는 곳까지 있을 줄은 몰랐는데…….

류 징 : 세상이 많이 변했잖아요. 너무 빨리 변해서 가끔 적응하기가
힘들지만 말이에요. 목이 좀 마른데 시원한 물 없나요?

메구미 : 없기는요. 여기 생수 있어요. 옛날엔 이렇게 물을 사서 마시게 될
거라고는 상상도 못했을 텐데…….

류 징 : 그래서 저는 나중에 공기 사업이나 해 볼까 해요. 공기도 사
마셔야 할지 모르잖아요.

◉ **단어와 표현** 単語と表現

- □ **심부름센터** お使いセンター
- □ **도대체** 一体
- □ **관공서** 官公署、役所
- □ **상상하다** 想像する
- □ **잔심부름** 雑用
- □ **사소하다** 細かい
- □ **떼다** とる
- □ **대행업체** 代行業者
- □ **주로** 主に
- □ **적응하다** 適応する

めぐみ ： 「お使いセンター」は聞いたことがありますが、「雑用代行業者」って一体何ですか。

リュジン ： 細かなお使いをしてくれるところです。主にタバコや薬を買ってくる、買い物をする、役所から書類をとってくる、夜道を一緒に歩いてくれる等です。

めぐみ ： おもしろいですね。こんな事をしてくれるところまであるなんて知りませんでした……。

リュジン ： 世の中がとても変わったでしょう。あまりにも早く変わったので時々適応するのが難しいですけど。ちょっと喉が渇いたんですが、冷たい水ありませんか。

めぐみ ： ないだなんて。はい、水です。昔はこうして水を買って飲むようになるなんて想像もできなかったでしょうに……。

リュジン ： だから私は後々空気の事業でもしようかと思っています。空気も買って吸わなければならなくなるかもしれないでしょう。

문법 文法

1 -(으)ㄴ 줄 모르다

↪ 状況や、心の中の計画や、予想を表す不完全名詞「줄」が、動詞と形容詞の連体形語尾「-(으)ㄴ/는/(으)ㄹ」と連結し、「現在は知っているが、そのときはその状況を把握できなかった」という意味を表す。後ろには「몰랐다」や「생각 못했다」などの動詞が主に用いられる。

보기 회사 규칙이 이렇게 까다로운 줄 몰랐어요.
会社の規則がこんなに厳しいとは知りませんでした。

전화번호가 바뀐 줄 모르고 제가 실수했습니다.
電話番号が変わったとは知らずに、私が失礼しました。

제가 쌍둥이를 낳을 줄 생각도 못했어요.
私が双子を生むなんて、思いもしませんでした。

2 −기는요

→ 叙述語の語幹に付いて、相手の意見や質問を否定したり、賞賛や謝罪に対する謙譲を表したりするときに用いられる。後ろには前述で「〜ではない」と述べた内容を説明する言葉を付ける場合が多い。

> **보기**　가 : 여러 가지로 도와주셔서 감사합니다.　色々と助けてくださりありがとうございます。
>
> 　　　　나 : 도와주기는요. 오히려 제가 도움을 받은 걸요.
> 　　　　　　助けるだなんて。むしろ私が助けられました。
>
> 　　　　가 : 한국 생활이 힘들지 않아요?　韓国の生活は大変じゃないですか。
>
> 　　　　나 : 힘들기는요. 아주 재미있는데요.　大変だなんて、とても楽しいですよ。
>
> 　　　　가 : 이 책이 재미있지요?　この本、おもしろいでしょう？
>
> 　　　　나 : 재미있기는요. 지루해서 죽겠어요.　おもしろいだなんて、つまらなくて死にそうです。

3 −(으)ㄹ까 하다

→ 動詞の語幹に付いて、意志や計画、予定を表す。意志や計画を表す他の表現よりも具体性がなく、「はっきり決まっていない意志や予定」を意味する。

> **보기**　한잔할까 해서 전화했어요.　一杯やろうかと思って電話しました。
>
> 　　　　동생 졸업 선물로 만년필을 살까 하다가 구두를 사 주었어요.
> 　　　　弟の卒業祝いに万年筆を買おうかと思いましたが、靴を買ってあげました。
>
> 　　　　주말에는 집에서 쉴까 했는데 친구가 같이 놀러 가재요.
> 　　　　週末は家で休もうかと思ったんですが、友だちが一緒に遊びにいこうと言っています。

1

제 동생이 이렇게 노래를 잘하다

제 동생이 이렇게 노래를 잘하는 줄 몰랐어요.

How are you?

독일 사람이다 / 영어로 말했습니다.

독일 사람인 줄 모르고 영어로 말했습니다.

(1) 한국의 물가가 이렇게 비싸다

(2) 그 드라마가 비극으로 끝나겠다

(3) 친구가 여자 친구와 헤어졌다 / 언제 결혼할 거냐고 물어봤어요.

(4) 날씨가 이렇게 춥다 / 얇은 옷을 입고 나왔어요.

2

정은 씨에게 슬픈 일이 있다
/ 제가 농담을 했어요.

가 : 정은 씨가 기분이 안 좋아 보이는데
　　무슨 일이 있었어요?
나 : 정은 씨에게 슬픈 일이 있는 줄 모르
　　고 제가 농담을 했어요.

(1) | 서울이 이렇게 복잡하다

서울에 와 보니까 어때요?

(2) | 정말요? 위층까지 음악 소리가 그렇게 잘 들리겠다

아파트 위층에 사는 사람이 음악 소리가 너무 크다고 전화했어요.

(3) | 비가 오다 / 우산을 안 가져가서요.

왜 나갔다가 금방 들어오세요?

(4) | 네, 차가 이렇게 막히다 / 자동차를 가지고 왔어요.

늦었군요. 지하철을 타고 오지 않았나요?

3

보기

성적이 오르다 / 오히려 떨어졌어요.

가 : 열심히 공부했으니까 성적이 올랐겠네요.
나 : 성적이 오르기는요. 오히려 떨어졌어요.

(1) | 잘하다 / 아직 많이 부족해요.

한국말을 아주 잘하시네요.

(2) | 한가하다 / 눈코 뜰 새 없이 바쁜데요.

요즘은 한가하시지요?

(3) | 친한 사이이다 / 몇 번 만났을 뿐인데요.

광수 씨랑 친한 사이인 것 같아요.

(4) | 말을 잘 듣다 / 꼭 청개구리 같아요.

아이가 똑똑하고 말도 잘 듣는 것 같아요.

4

보기

아이들이 크면 차를 중형차로 바꾸다

아이들이 크면 차를 중형차로 바꿀까 합니다.

(1) 여름 방학 때 해외 봉사 활동을 하러 가다

(2) 시간이 없으니까 선물을 인터넷 쇼핑몰에서 주문하다

(3) 이번 일본 출장은 장 과장을 보내다

(4) 시간이 나면 건강 진단을 받아 보다

5

보기

바빠서 가까운 수영장에나 갔다 오다

가 : 여름휴가는 어떻게 보낼 생각이에요?
나 : 바빠서 가까운 수영장에나 갔다 올까
합니다.

(1) 아니요, 가족끼리 성묘나 갔다 오다

추석 때 친지들을 찾아뵐 거예요?

(2) 친구들하고 스키를 타러 가다

크리스마스를 어떻게 보내려고 해요?

(3) 이달 말쯤 김장을 하다

언제 김장을 할 거예요?

(4) 네, 이번엔 머리를 한번 길러 보다

머리가 많이 길었네요. 안 자르세요?

단어 単語   □비극 悲劇 □농담 冗談 □성적 成績 □눈코 뜰 새 없이 まばたきする暇もなく □사이 仲
□해외 海外 □봉사 활동 ボランティア活動 □주문하다 注文する □건강 진단 健康診断
□성묘 墓参り □추석 秋夕 □친지 親戚 □찾아뵈다 会いに伺う □기르다 伸ばす

사라지는 것, 생겨나는 것

새로 생겨난 편리한 물건들입니다. 보기 와 같이 그림을 설명해 보십시오.

新しくできた便利な物です。 보기 と同じように絵を説明してみましょう。

보기

옛날에는 자물쇠와 열쇠로 문을 열고 닫았던 반면에 요즘은 손가락을 대면 지문을
인식해서 문이 자동으로 열립니다.

[1]

[2]

_____

_____

[3]

_____

_____

🔘 04-01

다니엘 : 우리 사무실에서 일하는 혜수 씨와 윤아 씨는 자매인가 봐요.

수 지 : 자매라니요? 아니에요. 근데 왜 그렇게 생각했어요?

다니엘 : 윤아 씨가 혜수 씨한테 꼬박꼬박 언니라고 하던데요.

수 지 : 아, 한국에서는 남도 가족처럼 언니나 형이라고 부르는 경우가
많아요. 아저씨, 아주머니라는 말도 원래 친척끼리 부르는
말이었대요.

다니엘 : 그래요? 아저씨, 아주머니는 거의 날마다 들을 정도로 많이
사용하던데, 한국 사람들은 이런 호칭을 통해서도 서로 쉽게
가까워지나 봐요.

수 지 : 맞아요. 그런데 호칭을 잘못 사용하면 오해가 생길 수도 있으니까
조심해야 해요.

단어와 표현 単語と表現

- □ 자매 姉妹
- □ 원래 元々
- □ 꼬박꼬박 ずっと
- □ 친척 親戚
- □ 남 他人
- □ 호칭 呼び名 (呼称)

ダニエル : うちの事務室で働くヘスさんとユナさんは、姉妹のようですね。

スージー : 姉妹ですって？ 違いますよ。でもどうしてそう思ったんですか。

ダニエル : ユナさんがヘスさんにずっとお姉さんと言っていましたけど。

スージー : ああ、韓国では他人も家族のように、お姉さんやお兄さんと呼ぶ場合が多いです。おじさん、おばさんという言葉も、元々は親戚の間で呼び合う言葉だったそうです。

ダニエル : そうなんですか。おじさん、おばさんはほとんど毎日聞くくらいたくさん使っているようでしたが、韓国人はこのような呼び名を通しても、お互い気軽に親しくなるようですね。

スージー : そうです。でも呼び名を間違えて使うと、誤解が起きることもあるので気をつけなければいけません。

 文法

1 -(으)ㄴ가 보다

→ 叙述語の語幹に付いて「推測」を表す。話者が見たり聞いたりしたことを根拠にして、その対象について推測する場合に主に用いられる。よって話者自身の状態や動作を推測する場合にはあまり用いられない。叙述語が形容詞の場合は「-(으)ㄴ가 봐요」、動詞の場合は「-나 봐요」、過去の場合は「-았/었나 봐요」、未来の場合は「-(으)ㄹ 건가 봐요」、「-(으)려나 봐요」の形で用いられる。先行する節には推測の根拠を表す「-(으)ㄴ/는 걸 보니까」のような表現がよく用いられる。

보기　영수 씨가 회사에 대해서 알아보고 다니는 걸 보니까 졸업 후에 취직할 건가 봐요.
　　　ヨンスさんが会社について調べてまわっているのを見ると、卒業後に就職するようですね。

신대철 씨는 집을 사려고 했는데 집에 문제가 있어서 계약을 하지 않았나 봐요.
シン・デチョルさんは家を買おうとしたんですが、家に問題があって契約しなかったようです。

두 사람이 가까운 사이인가 본데 언제부터 사귀기 시작했어요?
二人は近い関係のようですが、いつから付き合いはじめたんですか。

2 －정도로

→ いくつかの名詞や動詞、形容詞の連体形語尾「-(으)ㄹ」と連結して用いる。物事や状態の「大体の水準や限界」を表す。

보기 걷지 못할 정도로 술에 취했습니다.
歩けないくらい酒に酔いました。

아프지만 결석할 정도는 아니에요.
具合が悪いですが欠席するほどではありません。

중학생 정도이면 이해할 수 있을 겁니다.
中学生くらいなら理解できると思います。

3 －을/를 통해서

→ 「あることを経たり、何かを媒介にする」という意味を持つ動詞「통하다」が「-을/를 통해서」の形で用いられ、「物事や人、日程や期間を通じて後続する動作が行われる」ことを意味する。

보기 아는 사람을 통해서 전화번호를 알았어요.
知り合いを通して、電話番号を知りました。

두 사람이 쓴 글을 통해서 차이를 비교할 수 있었어요.
二人が書いた文を通して、違いを比較することができます。

조선 왕조를 통해 세종만큼 위대한 통치자는 없었다.
朝鮮王朝を通して、世宗ほど偉大な王はいなかった。

유형연습

1

`04-02`

id="1"

보기

> 경호는 자전거를 산 친구가 아주 부럽다
>
> 경호는 자전거를 산 친구가 아주 부러운가 봐요.

> 지영 씨가 기분이 좋다 / 시험을 잘 봤다
>
> 지영 씨가 기분이 좋은 걸 보니까 시험을 잘 봤나 봐요.

(1) 토미 씨는 아직 미혼이다

(2) 야마모토 씨는 매운 음식을 먹지 못하다

(3) 이렇게 길이 막히다 / 사고라도 났다

(4) 과장님이 결근하셨다 / 많이 편찮으시다

2

`04-03`

보기

> 벌레가 생겼다
>
> 가 : 나뭇잎들이 구멍이 나고 색이 왜 이래요?
>
> 나 : 벌레가 생겼나 봐요.

(1) | 요즘 아르바이트 때문에 바쁘다

민준 씨는 왜 날마다 늦게 들어와요?

(2) | 아마 유학 시험을 준비하다

준기가 영어 공부를 굉장히 열심히 하는군요.

(3) | 네, 사장님이 안색이 좋지 않다 / 회사 형편이 나쁘다

사장님이 요즘 굉장히 힘드신 것 같아요.

(4) | 네, 여기저기 알아보다 / 이사할 것이다

스티브 씨가 집을 옮기려고 해요?

3

04-04

보기

병이 나다 / 열심히 일을 했습니다.

병이 날 정도로 열심히 일을 했습니다.

(1) | 서희 씨는 항상 1등을 하다 / 공부를 잘했어요.

(2) | 회의에서 논의하다 / 중요한 안건은 아닙니다.

(3) | 수술도 할 수 없다 / 환자 상태가 아주 나쁘대요.

(4) | 앞이 잘 보이지 않다 / 안개가 많이 끼었네요.

4

04-05

보기

네, 한국 사람도 깜짝 놀라다 / 잘해요.

가 : 그 외국 사람이 한국말을 그렇게 잘 한다면서요?

나 : 네, 한국 사람도 깜짝 놀랄 정도로 잘해요.

38

(1) 네, 휴직을 하다 / 안 좋으시대요.

과장님 병세가 심각한가 봐요.

(2) 네, 눈물이 나다 / 감동적이었어요.

그 영화가 그렇게 감동적이에요?

(3) 네, 학교도 제대로 다니지 못하다 / 가난했대요.

사장님 집이 어렸을 때 그렇게 가난했다면서요?

(4) 알아보지 못하다 / 변했던데요.

오랜만에 고향에 가 보니까 어때요?

5

04-06

보기

신문 / 매일매일 뉴스를 알 수 있습니다.

신문을 통해서 매일매일 뉴스를 알 수 있습니다.

(1) 인터넷 / 다른 사람들과 정보를 교환할 수 있어요.

(2) 여행 / 새로운 문화를 체험하는 것은 즐거운 일이에요.

(3) 아이의 눈 / 세상을 보면 모든 것이 달라 보입니다.

(4) 필기시험과 면접 / 신입 사원을 뽑습니다.

단어 単語
- 미혼 未婚 □ 결근하다 欠勤する □ 편찮다 具合が悪い □ 구멍 穴 □ 안색 顔色 □ 형편 情勢
- -등 ～など □ 논의하다 議論する □ 안건 案件 □ 상태 状態 □ 깜짝 びっくり □ 놀라다 驚く
- 휴직 休職 □ 심각하다 深刻だ □ 병세 病状 □ 감동적 感動的 □ 체험하다 体験する
- 필기시험 筆記試験

콩글리시와 찜질방

콩글리시

　나는 캐나다에서 유학을 온 학생인데 몇 달 전에 소개로 한국 여자 친구를 만나게 되었다. 그런데 내 여자 친구 윤서는 영어를 꽤 잘하는 편이다. 특히 그녀는 말할 때 한국식 영어를 많이 사용하는데 들을 때마다 정말 재미있다.

　어제도 윤서가 분홍색 운동복을 입고 와서, 아주 잘 어울리고 예쁘다고 칭찬을 해 주었다. 그러니까 윤서가 "이 츄리닝 어제 아이 쇼핑 갔다가 30프로 디씨를 해서 하나 산 거야. 요즘 티비에서 씨에프 광고 하는 거잖아."라고 했다. 내가 윤서 말 속의 이상한 영어를 중얼거리니까 윤서가 배꼽을 잡고 웃었다. 그러면서 나보고 하는 말이 "너, 콩글리시 좀 배워야겠다."라고 하는 게 아닌가?

찜질방

　나는 중국에서 온 기술 연수생이다. 처음으로 서울 같은 대도시에서 생활하게 돼서 고층건물과 복잡한 거리가 아직도 익숙하지 않다. 그래서 길을 가다 보면 정신없이 간판을 보고는 한다. ○○ 노래방, ○○ 머리방, ○○ PC방, 웬 방이 이렇게 많은지……. 나는 이런 방들을 구경하고 싶어서 하루는 PC방에 가서 게임

을 하고 머리방에 가서 머리를 깎고는 소주방에 가서 한국 친구와 한잔한 후에 마지막으로 찜질방에 가 봤다. 방이 많기도 많은데 그 중에서 역시 찜질방이 제일 마음에 들었다. 목욕을 하고 누워 있으면 정말 편했다. 다음에 중국에서 친구들이 오면 또 한번 서울의 방들을 순례하고 싶다.

1 첫 번째 글에 나오는 '츄리닝', '아이쇼핑', '디씨'의 의미는 무엇입니까?

2 두 번째 글의 중국인이 서울에서 인상적으로 생각하는 것은 무엇인 것 같습니까?

3 여러분이 한국에서 경험한 것 중에서 재미있었던 일이나 이상했던 일이 있었으면 이야기해 봅시다.

단어 単語

- 칭찬 賞賛
- 중얼거리다 ぶつぶつとつぶやく
- 콩글리시 コングリッシュ (韓国式英語)
- 기술 技術
- 연수생 研修生
- 고층건물 高層ビル
- 정신없다 正気ではない、夢中だ
- 간판 看板
- 머리방 床屋
- PC방 ネットカフェ
- 소주방 焼酎をおいている居酒屋
- 찜질방 チムヂルバン (大衆浴場、サウナ)
- 순례하다 巡礼する

한국 문화 엿보기　韓国文化探訪

韓国の酒事情

「無礼講」という習慣が通る日本とは異なり、儒教思想の浸透した韓国では、酒の席こそマナーが大切だ。目下の人が目上の人に酒を注ぐとき、右手で瓶を持つなら、まず左手を右手首に添え、瓶がかたむくにつれて左手を右ひじの内側にずらし、最後は左手を右胸にあてる、というふうに、ややこしい。また次の酒を注ぐのは、グラスが完全に空くまで待ってから。目上の人が目下の人に注ぐときは、注ぐ方は片手で注いでもいいが、受けるほうはコップを両手で持つか、コップを持った腕のひじに片手を添えなければならない。それから、目下の人が目上の人の前で酒を飲むのは失礼なこととされるため、直接見えないように後ろや横を向いて飲むのが礼儀とされている。女性がやたらに男の人に酒を注ぐのも要注意だ。最近は徐々に変わりつつあるとはいえ、女の人が父親、夫などの身内以外の人に注ぐことは上品ではないとされる。変に誤解されないように気をつけたい。

초대받아 가는 건 처음이라 좀 긴장이 되는데

05-01

이 대리 : 이따가 부장님 댁에 갈 때 같이 모여서 갑시다.

다니엘 : 한국 사람 집에 초대받아 가는 건 처음이라 좀 긴장이 되는데,
특별히 조심해야 할 게 있나요?

이 대리 : 글쎄요. 우선 집 안에 들어갈 때 현관에서 신발을 벗는 거는
아시죠?

다니엘 : 네, 친구한테 들어서 대충 알고 있어요. 친구가 저보고 양말을 꼭
신고 가라고 했어요.

이 대리 : 그리고 어른 앞에서 술 마실 땐 얼굴을 돌리고 마셔야 하고,
담배는 피우고 싶더라도 좀 참으세요. 그것말고는 별로 신경 쓸 건
없는 것 같아요.

다니엘 : 들은 적이 있어요. 고개를 이렇게 돌리면 돼요? 미리 연습 좀
해야겠어요.

◉ 단어와 표현 単語と表現

- □ 모이다 集まる
- □ 우선 まず
- □ 대충 大体
- □ 돌리다 まわす
- □ 참다 我慢する
- □ 신경 쓰다 気を遣う
- □ 고개 頭

イ代理 ： あとで部長のお宅に行くとき、一緒に集まって行きましょう。

ダニエル ： 韓国人の家に招待されて行くのははじめてなので少し緊張するんですが、特に気をつけなければならないことはありますか。

イ代理 ： そうですねえ。まず家の中に入るときは玄関で靴を脱ぐのはご存じですよね？

ダニエル ： はい。友だちに聞いて大体知っています。友だちが私に靴下を必ず履いていけと言いました。

イ代理 ： それから大人の前でお酒を飲むときは顔を横に向けて飲まなければいけないし、タバコは吸いたくても少し我慢してください。それ以外はあまり気を遣うことはないと思います。

ダニエル ： 聞いたことがあります。頭をこうしてまわせばいいんですか。前もって練習しなければいけないと思います。

문법

文法

1 －보고

➡ 助詞と同じ役割をするものとして、主に人を表す言葉の後に付き、その人が後に続く動詞の対象になる。「－에게」と同義で用いられる。後に続く動詞は主に「呼ぶ」「言う」など、発話に関わる動詞のみ用いられる。

> 보기 　식당에서 일하는 종업원보고 뭐라고 불러야 할지 모르겠어요.
> 食堂で働く従業員を何と呼べばいいかわかりません。
>
> 그 사람보고 좀 도와 달라고 하세요.　その人にちょっと手伝ってくれと言ってください。
>
> 저보고 이렇게 야한 옷을 입으라고요?　私にこんないやらしい服を着ろというんですか。

2　-더라도

➥ 叙述語に付いて、起こる可能性があまりないことを仮定する場合に用いる。よって先行する節の可能性は認めながら、後行する節の事実を強調する意味になる。「-아/어도」（『初級2』第27課文法参照）よりも仮定の程度が強い。

> **보기**　물건에 이름을 써 놓으면 잃어버리더라도 찾을 수 있어요.
> 物に名前を書いておけば、失くしたとしても見つけられます。
>
> 일찍 병원에 갔더라도 살지 못했을 거예요.
> 早く病院に行っていたとしても、助かりはしなかったでしょう。
>
> 제가 다시 이야기하지 않더라도 잊지 마세요.
> 私がまた話をしなかったとしても、忘れないでください。

3　-말고는

➥ 前の名詞を除外するという意味の「말고」（『中級1』第26課文法参照）に「比較・強調」の意味をもつ「는」が付いたもの。「それを除いて強調する」という意味で、前の名詞を除くすべての場合について言及する意味で用いられる。また「외에는」も同じ意味で用いられる。

> **보기**　한국에서 제주도말고는 모두 가 보았어요.
> 韓国で済州島以外はすべて行ったことがあります。
>
> 닭고기말고는 안 먹는 음식이 없어요.
> 鶏肉以外で食べない物はありません。
>
> 팔을 조금 다친 것외에는 다른 상처는 없는데요.
> 腕を少し怪我した以外には、ほかの傷はありません。

1

05-02

보기

길을 잃었을 때 누구
/ 물어봐야 할지 몰랐어요.

길을 잃었을 때 누구**보고** 물어봐야 할지
몰랐어요.

(1) 친구가 저 / 선생님한테 이걸 전해 드리라고 했어요.

(2) 혼자 가기 싫으면 친구 / 같이 가자고 해.

(3) 민서야, 모르는 사람 / 반말을 하면 안 되는 거야.

(4) 결혼하면 아내 / 뭐라고 부르면 좋아요?

2

05-03

보기

제가 실수하다 / 귀엽게 봐 주세요.

제가 실수하**더라도** 귀엽게 봐 주세요.

(1) 돈이 있다 / 그 사람에게는 빌려 주고 싶지 않아요.

(2) 실패하다 / 한번 시도해 보고 싶습니다.

(3) ｜ 일찍 출발했다 / 제시간에 도착하지 못했을 거예요.

(4) ｜ 마음에 들지 않다 / 이해해 주시기 바랍니다.

3

할인이 안 되다 / 사고 싶어요.

가 : 이 코트가 마음에 드세요? 이건 할인이 안 되는 것 같은데······.
나 : 할인이 안 되더라도 사고 싶어요.

(1) 글쎄요. 누가 대통령이 되다
/ 경제를 살리기는 어려울 거예요.

다음 대통령은 어려운 경제를 살릴 수 있을까요?

(2) 다른 사람이 했다
/ 이번 계약은 힘들었을 겁니다.

저 때문에 이번 계약이 잘 안 된 것 같습니다.

(3) 잘 못 부르다 / 흉보지 마세요.

미정 씨가 노래를 잘한다면서요?
한번 불러 주세요.

(4) 양복을 입지 않다 / 괜찮을 것 같은데요.

양복을 꼭 입어야 하나요?

4

서울에서 경복궁 / 구경한 곳이 없어요.

서울에서 경복궁말고는 구경한 곳이 없어요.

(1) | 이번 시험에서 듣기 / 다 잘 봤어요.

(2) | 저는 토요일 / 언제든지 괜찮은데요.

(3) | 이 일은 너하고 나 / 아는 사람이 없어.

(4) | 말이 좀 많은 것 / 단점이 없는 사람이에요.

5

보기

김치찌개 / 할 줄 아는 게 없어요.

가 : 김치찌개말고 다른 것도 할 줄 알아요?
나 : 김치찌개말고는 할 줄 아는 게 없어요.

(1) **공포 영화 / 다 좋아해요.**

어떤 영화를 좋아하세요?

(2) **수영 / 별로 잘하는 운동이 없어요.**

수진 씨는 운동을 다 잘하시지요?

(3) **엔진 소리가 좀 큰 것 / 다 괜찮은데요.**

자동차를 바꿀 때가 되지 않았어요?

(4) **거짓말했을 때 / 별로 야단치지 않아요.**

아이를 자주 야단치세요?

단어 単語　□실패하다 失敗する　□시도하다 試す　□대통령 大統領　□살리다 生き返らせる　□계약 契約
　　　　　　□흉보다 陰口を言う　□단점 欠点　□공포 영화 ホラー映画　□야단치다 叱る

1 듣고 이어지는 말을 고르십시오. 　　05-07

音声を聞いて続く答えを選びなさい。

① 김치를 먹어 보니까 맛이 어때요?

② 이 김치냉장고는 냄새가 하나도 나지 않아서 좋아요.

③ 김치냉장고를 열면 냄새가 날지도 모르니까 조심하세요.

④ 그러면 우리 집 김치 한번 맛보시겠어요?

2 듣고 대답하십시오. 　05-08

音声を聞いて質問に答えなさい。

(1) 무엇에 대한 글입니까?

① 놀란 일　　　　　② 화가 나는 일

③ 실수한 일　　　　④ 즐거웠던 일

(2) 듣고 내용과 같은 것을 고르십시오.

① 축구가 끝난 후에 근처 식당에 가서 짜장면을 먹었다.

② 이 사람은 공원에서 한국 사람들과 같이 짜장면을 먹었다.

③ 축구를 하러 공원에 가서 짜장면만 먹고 왔다.

④ 공원에 가서 오토바이를 타고 짜장면을 먹으러 갔다.

3 듣고 중심 내용을 고르십시오. 　　05-09

音声を聞いて内容を最も適切にまとめたものを答えなさい。

① 요즘 야채와 과일이 아주 싸고 싱싱해서 좋다.

② 파란 트럭 아저씨가 배달까지 해 주어서 좋다.

③ 동네에 트럭에서 야채를 파는 아저씨가 있어서 편리하다.

④ 야채를 주문하면 아저씨가 언제든지 가져다주신다.

노트북 パソコン	CC (campus couple) 学生カップル
다이어리 ダイアリー、 　　　　スケジュール帳	CF CM
	아이쇼핑 ウィンドーショッピング
더치페이 割り勘	애프터서비스, A/S アフターサービス
D.C. 割引き	오토바이 オートバイ
로터리 ロータリー	와이셔츠 ワイシャツ
리모콘 リモコン	원샷 一気飲み
매니큐어 マニキュア	원피스 ワンピース
미팅 合コン	잠바 ジャンパー
바바리 トレンチコート	전자레인지 電子レンジ
비닐봉지 ビニール袋	츄리닝 ジャージ
사이다 サイダー	콘센트 コンセント
샐러리맨 サラリーマン	콤플렉스 コンプレックス
샤프 シャープペンシル	파이팅 ファイト
서비스 サービス、おまけ	프림 ミルク
스카치테이프 セロテープ	펑크 パンク
스킨십 スキンシップ	프로 パーセント
사인 サイン	핸드폰 携帯電話

🔘 06-01

마이클 : 텔레비전에서 라면 광고가 나오니까 갑자기 먹고 싶어지는데
　　　　 라면이 다 떨어졌네.

친　구 : 먹고 싶더라도 좀 참아. 밤 12시가 넘었는데…….

마이클 : 잠깐, 길 건너편에 편의점 있잖아. 편의점은 24시간 여니까 내가
　　　　 얼른 갔다 올게. 다른 거 뭐 필요한 건 없어?

친　구 : 음, 라면에다가 김밥 같이 먹으면 맛있겠다. 김밥도 좀 사 올래?

마이클 : 알았어. 편의점이 가까운 데 있으니까 편하다. 미국에서는 밤에
　　　　 급하게 필요한 게 있어도 근처에 살 데가 아무 데도 없어서
　　　　 곤란했잖아.

친　구 : 맞아, 그래서 필요한 게 있어도 할 수 없이 다음 날까지 기다리곤
　　　　 했는데.

◉ 단어와 표현　単語と表現

- □ 떨어지다 なくなる
- □ 얼른 すぐ
- □ 곤란하다 困る

- □ 건너편 向かい側
- □ 편하다 便利だ
- □ 할 수 없이 仕方なく

- □ 편의점 コンビニ
- □ 급하다 急だ

マイケル ： テレビでラーメンの広告が出たから急に食べたくなったんだけど、ラーメンがもうないね。

友だち ： 食べたくてもちょっと我慢してよ。夜12時過ぎてるんだから……。

マイケル ： ちょっとまって。道をはさんで向かい側にコンビニがあるじゃない。コンビニは24時間空いているから僕がすぐ行ってくるよ。ほかに何か必要なものはない？

友だち ： うーん、ラーメンにキンパプを一緒に食べたらおいしいと思う。キンパプもちょっと買ってきてくれる？

マイケル ： わかった。コンビニが近い所にあるから便利だね。アメリカでは、夜に急に必要なものがあっても、近所に買うところがどこにもないから困ったよね。

友だち ： そうそう、それで必要なものがあっても仕方なく次の日まで待ったりしたんだけど。

文法

1 −에다가

→ 場所を表す名詞に付いて、行為者が「ある動作をその場所に加える」ことや、「ある状況や物事に、さらに他の状況や物事を付け足す」ことを意味する。また「에다」や「에」だけでも同じ意味を表すことができる。

보기　어디에다가 화분을 놓을까요?　どこに花瓶を置きましょうか。

열다섯에다 또 열다섯을 더하면 서른이지요.　15に15を足すと30でしょう。

고기에다가 생선에다가 여러 가지 음식을 차리셨더군요.
肉に魚に色々な料理を準備なさったんですね。

-(으)ㄴ 데다가

➥ 動詞と形容詞の連体形語尾「-(으)ㄴ/는」の後に、「場合や物事」を意味する「데」が来て、その後に付加を表す「에다가」が付いたもの。ある状態や動作のうえに、さらに他の状態や動作を付け加えることを意味する。

> **보기** 원래 키가 큰 데다가 높은 구두를 신으니까 키가 더 커 보여요.
> もともと背が高いのに加えて高い靴を履くから背がもっと高く見えます。
>
> 눈이 온 데다가 갑자기 기온이 떨어져서 굉장히 미끄러워요.
> 雪が降ったのに加えて急に気温が下がったので非常にすべりやすいです。
>
> 회의 준비를 제대로 하지 않은 데다가 진행도 엉망이었어요.
> 会議の準備をしっかりしていないのに加えて進行もめちゃくちゃでした。

2 아무 -도

➥ 「아무」は「色々ある中から一つを無作為に選択する」こと、または「後ろに続く名詞と関係する対の範囲を制限しない」ことを表す。「아무」が修飾する名詞の後ろに「도」が付くと全体否定を意味し、後ろに続く文章は否定形になる。「도」の前に他の助詞が付いて用いられる場合もある。また名詞が「人」の場合は名詞を用いずに「아무도」、「아무에게도」、「아무한테도」などの形で用いられる。

> **보기** 그 사실은 아무도 모릅니다.　その事実は誰も知りません。
>
> 아무한테도 연락하지 않았어요.　誰にも連絡しませんでした。
>
> 아무 도움도 주지 못해서 미안할 뿐입니다.
> 何も助けてあげられなくて、ただただ申し訳ないです。

3 -곤 하다

➥ 動詞に付いて、ある動作が繰り返し起こることを意味する。過去の事実について話すときは「-곤 했다」の形になる。

> **보기** 사고가 났던 그 순간이 요즘도 생각이 나곤 해요.
> 事故が起きたあの瞬間が今でも記憶によみがえります。
>
> 시간이 날 때마다 조금씩 연습하곤 했어요.
> 時間ができるたびに少しずつ練習していました。
>
> 전에는 장난 전화가 오곤 했는데 요즘은 안 와요.
> 前はいたずら電話がきていましたが最近はきません。

1

보기

커피 / 설탕을 넣어 드릴까요?

커피에다가 설탕을 넣어 드릴까요?

비가 오다 / 바람까지 불어요.

비가 오는 데다가 바람까지 불어요.

(1) 25 / 5를 곱하면 얼마예요?

(2) 교실 벽 / 시계와 달력을 걸었어요.

(3) 그 영화는 원작이 좋다 / 배우들의 연기도 훌륭했어요.

(4) 이번 달에는 이사를 했다 / 치과 치료까지 받아서 돈을 많이 썼어요.

2

보기

원래 몸이 약하다
/ 과로해서 그런 것 같아요.

가 : 최윤석 씨가 왜 병이 났대요?

나 : 원래 몸이 약한 데다가 과로해서 그
런 것 같아요.

(1) 네, 이번 달에는 월급 / 보너스까지 나왔어요.	(2) 입고 있는 그 바지 / 이 셔츠를 입으면 잘 맞겠네요.
오늘 월급날이지요?	이 바지 위에는 뭘 입으면 좋을지 못 고르겠어요.
(3) 기온이 높다 / 습기도 많아서 그런 것 같아요.	(4) 결석을 많이 했다 / 공부도 하지 않아 서 많이 떨어졌어요.
오늘 너무 덥지 않아요?	이번 시험 성적이 어떻게 나왔어요?

3

06-04

보기

어제부터 / 것 / 먹지 않았어요.

어제부터 아무 것도 먹지 않았어요.

(1) 방학 때 아직 / 계획 / 없습니다.

(2) 그 사람한테서 / 말 / 듣지 못했어요.

(3) 제가 할 테니까 / 준비 / 하지 마세요.

(4) 피곤해서 / 데 / 가고 싶지 않아요.

4

06-05

보기

데 / 가지 않았어요.

가 : 휴가 때 어디에 갔다 왔어요?
나 : 아무 데도 가지 않았어요.

(1) 것 / 몰라요.

한국 정치에 대해서 아세요?

(2) 소식 / 없어요.

지혜 씨한테서 소식이 왔어요?

(3) 이상 / 없대요.

의사 선생님이 진찰해 보고 뭐래요?

(4) -한테 / 말 안 했어요.

어제 제가 말했던 거 누구한테 말했어요?

5

06-06

보기

신경을 쓰면 혈압이 올라가다

신경을 쓰면 혈압이 올라가곤 해요.

대학생 때는 포장마차에 자주 갔다

대학생 때는 포장마차에 자주 가곤 했어요.

(1) 매운 음식을 먹으면 가끔 위가 아프다

(2) 초등학교 동창들하고 요즘도 연락을 하다

(3) 젊었을 때는 농담도 잘했다

(4) 아이 때 텔레비전을 보면서 춤을 따라 췄다

6

피곤할 때마다 한 알씩 먹다

가 : 비타민제를 날마다 드세요?
나 : 피곤할 때마다 한 알씩 먹곤 해요.

(1) 걱정이 있으면 가끔 꿈을 꾸다

매일 꿈을 꿉니까?

(2) 노래방에 가서 큰 소리로 노래를 부르다

스트레스가 쌓이면 어떻게 풀어요?

(3) 축구나 야구를 했다

학교 다닐 때 친구들하고 뭐하고
놀았어요?

(4) 캠프에 참가했다

어릴 때 방학이 되면 뭐 했어요?

단어 単語　□곱하다 掛ける　□원작 原作　□연기 演技　□훌륭하다 素晴らしい　□과로하다 働きすぎる
□기온 気温　□결석 欠席　□정치 政治　□소식 知らせ　□진찰하다 診察する　□혈압 血圧
□포장마차 屋台　□위 胃　□비타민제 ビタミン剤　□－ 알 ～粒　□참가하다 参加する

설문 조사

다음은 한국 사람들에게 아래와 같은 상황일 때 드는 생각을 물어봤습니다. 여러분 같으면 어떤 생각이 들지 알아맞혀 봅시다.

韓国人に下のような状況のとき、考えることを聞いてみました。皆さんならどんなことを考えるか、当ててみましょう。

(1) 휴가 여행지에서 괜찮은 남자(여자)에게 말을 걸고 싶을 때 하는 말은?

〈남녀 10,418명 대답〉

순위	내용	인원수
1		1,778명
2		1,206명
3	같이 노실래요?	1,060명
4		906명
5	게임 벌칙 수행중인데요. 연락처 좀…….	753명
6		446명
7		392명
8	핸드폰 한 번만 쓸 수 있을까요? (내 번호를 남긴다)	341명
9		320명
10		280명

(2) 내 맘대로 쓰는 내 용돈이지만 이렇게 쓰는 돈은 정말 아깝다.

〈남녀 11,263명 대답〉

순위	내용	인원수
1		721명
2	일회용 라이터, 우산 등 집에 있는 물건 또 사기	481명
3		439명
4		364명
5		277명
6	술값으로 쓴 돈	267명
7		242명
8		236명
9	게임 아이템 사는 돈	196명
10		149명

(3) 헤어진 애인과 우연히 마주쳤을 때, 가장 먼저 드는 생각은?

〈남녀 10,146명 대답〉

순위	내용	인원수
1	나에 대한 마음이 아직 남아 있을까?	2,136명
2		1,954명
3		1,533명
4	이왕이면 쿨하게 보여서 후회하게 만들어야 하는데…….	599명
5		537명
6	새 애인이 생겼을까?	385명
7		301명
8	오랜만에 봐서 반갑다.	299명
9		232명
10		208명

(1)

순위	내용
1	필요한 물건이 있는데, 있으면 좀 빌려주세요.
2	사진 좀 찍어 주실래요?
3	같이 노실래요?
4	어디서 오셨어요?
5	게임 벌칙 수행중인데요. 연락처 좀…….
6	저 여기 처음인데요, 길 좀 물을게요.
7	술 한잔 하시겠어요?
8	핸드폰 한번만 쓸 수 있을까요? (내 번호를 남긴다)
9	뭐 도와 드릴 일 없나요?
10	여기 참 좋죠?

(2)

순위	내용
1	소개팅에서 맘에 안 드는 여자 밥 사 주기
2	일회용 라이터, 우산 등 집에 있는 물건 또 사기
3	모임, 회식에서 얼떨결에 한턱 쏜 돈
4	교통 위반 벌금 낼 때
5	불필요한 충동구매
6	술값으로 쓴 돈
7	아주 못 만든 영화, 연극 표 값
8	신용카드 현금 서비스 수수료
9	게임 아이템 사는 돈
10	내가 산 물건 며칠 후 세일할 때

(3)

순위	내용
1	나에 대한 마음이 아직 남아 있을까?
2	인사를 할까, 말까? 어떻게 피하지?
3	좀 더 예쁘게(멋지게) 하고 나올걸…….
4	이왕이면 쿨하게 보여서 후회하게 만들어야 하는데…….
5	밥은 잘 먹고 다니는지, 요즘 뭐하면서 지내는지 궁금하네.
6	새 애인이 생겼을까?
7	이쪽으로 오지 말걸!!!
8	오랜만에 봐서 반갑다.
9	내가 대체 얠 왜 좋아했지? 헤어지길 잘 했네~.
10	서로 평생을 마주치지 않고 살았으면 좋았을걸.

전문가한테 배우는 거 못지않아요

07-01

바 투 : 체중이 자꾸 늘어서 헬스클럽을 다닐까 다이어트 식품을
먹어볼까 하는데 ······.

친 구 : 지난번에도 헬스클럽 3개월치 끊어 놓고 몇 번 안 갔잖아요.
그리고 다이어트 식품은 조심해서 먹지 않으면 안 돼요.

바 투 : 그럼, 그런 거 안 하고 체중을 줄일 수 있는 방법이 있을까요?

친 구 : 있고말고요. 쓸데없이 돈 쓰지 않아도 손쉽게 할 수 있는 거
많으니까 찾아보세요.

바 투 : 어떤 게 있을까요? 아는 거 있으면 알려 주세요.

친 구 : 나는 '나 혼자 홈트'라는 앱을 깔아놓고 따라 하는데 재미도 있고
효과도 있는 것 같아요. 전문가한테 배우는 거 못지않아요.

◉ 단어와 표현 単語と表現

□ -(어)치 —分
□ 끊다 （きっぷなどを）切る、払う、入会する
□ 줄이다 減らす
□ 쓸데없이 余計に、むだに
□ 손쉽다 たやすい
□ 효과 効果
□ 깔다 インストールする

バトゥ ： 体重が増え続けているからジムに行こうか、ダイエット食品を食べようか
迷ってるんですが……。

友人 ： 前にもジムの会費を3ヶ月分払っておいて、いくらも行かなかったじゃない
ですか。それにダイエット食品は気をつけて摂（と）らないとダメですよ。

バトゥ ： じゃ、それ以外に体重を減らせる方法があるでしょうか。

友人 ： もちろんですよ。余計なお金を使わなくても簡単にできることはたくさん
あるから、探してみてください。

バトゥ ： どんなのがありますかね。知ってるのがあったら教えてください。

友人 ： 私は「一人でホームトレーニング」っていうアプリをインストールしてや
ってるんですけど、面白いし効果もあるみたいですよ。専門家から学ぶの
に引けをとりませんよ。

 문법

 文法

1 -(으)ㄹ까 -(으)ㄹ까

→ 話者の意志や予定を表す「-(으)ㄹ까」を繰り返し使用した場合、話者が自身の「動作に対する意思
をはっきりと決定せず迷っている」ことを意味する。特に「-(으)ㄹ까 말까」の形で用いる場合、あ
る動作に対する意思を決定せず迷っていることを意味する。

보기 졸업 후에 취직을 할까 유학을 갈까 생각 중이에요.
卒業後に就職をするか留学をするか考え中です。

부모님께 사실대로 여쭐까 말까 고민 중입니다.
両親に事実そのままをお聞きするかどうか悩んでいます。

고장 난 컴퓨터를 버릴까 말까 하다가 그대로 두기로 했어요.
故障したパソコンを捨てるかどうか考えましたが、そのまま置いておくことにしました。

2 −고말고요

↳ 叙述語の語幹に付いて、前の言葉の意味を肯定し強調する意味を表す。つまり相手の意見や質問などに対し強く同意したり、命令や勧誘、要求に対して喜んで受け入れるということを意味する。

보기　가 : 문경호 씨가 일을 잘하나요?　ムン・ギョンホさんは仕事ができますか。

　　　나 : 잘하고말고요. 신입 사원 같지 않아요.　できますとも。新入社員ではないみたいです。

　　　가 : 승우는 똑똑하니까 이 정도 책은 어렵지 않겠지요?

　　　　　スンウは賢いから、このくらいの本は難しくないでしょう？

　　　나 : 어렵지 않고말고요.　難しくないですとも。

　　　가 : 내일 저를 좀 도와주실 수 있어요?　明日ちょっと私を手伝ってくれますか。

　　　나 : 네, 도와드리고말고요.　はい、お手伝いいたしますとも。

3 − 못지않다

↳ 「못하다」は「ある水準に届かない」という意味がある。「못지않다」は「못하지 아니하다」の省略形で、二重否定によって肯定の意味を表す。名詞の後に来て「その名詞くらいに〜だ」という意味で用いられる。疑問詞（誰、どこなど）のあとに用いられると最上級を表す「가장」の意味となる。

보기　정말 맛있어요. 솜씨가 요리사 못지않으신데요.

　　　本当においしいですね。腕がシェフにひけをとらないですよ。

　　　그 아이는 어른 못지않게 생각이 깊어요.

　　　その子どもは大人に負けないくらい考えが深いです。

　　　김 대리는 우리 회사에서 누구 못지않게 열심히 일합니다.

　　　キム代理はうちの会社で誰にも負けないくらい一生懸命働きます。

유형연습

1

보기

> 휴가 때 여행을 가다
> / 그냥 집에서 쉬다 / 생각 중입니다.
>
> 휴가 때 여행을 갈까 그냥 집에서 쉴까 생각 중입니다.

(1) 비행기로 가다 / 기차로 가다 / 망설이고 있어요.

(2) 졸업하고 취직을 하다 / 대학원에 진학하다 / 아직 결정하지 못했어요.

(3) 그 사람에게 사실대로 말하다 / 말다 / 망설이다가 못했어요.

(4) 머리를 자르다 / 말다 / 하다가 그만두었어요.

2

보기

> 입사 원서를 내다 / 말다
> / 생각 중입니다.
>
> 가 : 그 회사에 입사 원서를 낼 거예요?
> 나 : 입사 원서를 낼까 말까 생각 중입니다.

(1) 글쎄요, 계속하다 / 그만두다
/ 고민 중입니다.

개학한 후에도 아르바이트를 계속 할 거예요?

(2) 여행을 보내 드리다 / 잔치를 하다
/ 망설이고 있어요.

부모님 환갑 때는 어떻게 할 거예요?

(3) 가다 / 말다 / 하다가 괜찮은 것 같아서 그만두었어요.

병원에 갔다 왔어요?

(4) 이 회사에 정이 들어서 옮기다 / 말다 / 고민하나 봐요.

지성 씨가 더 큰 회사로 옮기기로 했어요?

3

07-04

보기

우산을 빌려 드리다

가 : 우산을 안 가져 왔는데 우산 좀 빌릴 수 있을까요?
나 : 우산을 빌려 드리고말고요.

(1) 편리하다

집 근처에 지하철역이 생기니까 편리하세요?

(2) 돈이 많이 들다

아이를 키우려면 돈이 많이 드는 것 같아요.

(3) 힘들다

오늘같이 안개가 낀 날은 운전하기가 힘들죠?

(4) 그럼요, 되다

이 음식들이 포장도 되나요?

4

07-05

보기

수영 씨는 가수 / 노래를 잘 불러요.

수영 씨는 가수 **못지않게** 노래를 잘 불러요.

(1) 일을 시작하는 것 / 잘 끝내는 것도 중요해요.

(2) 인생에서 청소년기는 어느 때 / 중요한 시기입니다.

(3) 우리나라의 자동차 기술도 다른 나라 / 발전했어요.

(4) 우리 아이도 남 / 잘 키우고 싶어요.

5

보기

저도 예전에는 누구 / 건강했었는데.

가 : 자주 감기에 걸리는 걸 보니까 몸이
약하신가 봐요.

나 : 저도 예전에는 누구 못지않게 건강
했었는데.

(1) 네, 운동선수
/ 키도 크고 체격도 좋아요.

마크 씨 친구는 키가 커요?

(2) 이삿짐 푸는 일도 싸는 일
/ 어려울 거예요.

이삿짐 푸는 일은 싸는 것보다
쉽겠죠?

(3) 그럼요. 그 쇼핑센터는 백화점
/ 물건이 다양하고 많던데요.

그 쇼핑센터에 제가 원하는 물건이
있을까요?

(4) 최 과장님도 김 부장님
/ 성격이 급하세요.

우리 회사에서 김 부장님 성격이
제일 급하신 것 같아요.

단어 単語 　□망설이다 迷う　□진학하다 進学する　□개학하다 新学期が始まる　□잔치 お祝いの席　□시기 時期
□환갑 還暦　□(정이) 들다 (情が) うつる　□(돈이) 들다 (お金が) かかる　□청소년기 青少年期
□기술 技術　□발전하다 発展する　□남 他人　□예전 ひと昔前　□체격 体格　□성격이 급하다 気が早い

짧은 글, 긴 생각

아름다운 마무리

아름다운 마무리는
삶에 대해 감사하는 것이다.
처음의 마음으로 돌아가는 것이다.
아름다운 마무리는 내려놓음이다.
아름다운 마무리는 비움이다.
용서이고, 이해이고, 자비이다.
아름다운 마무리는 언제든
떠날 채비를 갖추는 것이다.

– 법정의 《아름다운 마무리》 중에서 –

중요한 것은 눈에 보이지 않는다

지금
우리가 보고 있는 것은
단지 껍데기에 불과하다.
중요한 것은 눈에 보이지 않는다.
사람이 어떤 것을 정확하게 볼 수 있는 건
오직 마음으로 볼 때이다.

– 생 텍쥐페리의 《어린 왕자》 중에서 –

1　첫 번째 글에서 작가가 말하는 '아름다운 마무리' 중에서 2개를 골라 쓰십시오.

2　두 번째 글에서 작가가 말하는 '눈에 보이지 않는 것'이란 어떤 것일까요?

한국 문화 엿보기　韓国文化探訪

K-POP

　K-POPとは広い意味では歌謡、流行歌と呼ばれる「大韓民国で流行する大衆音楽」全般を意味するが、通常は1990年代以降に普遍化した「アイドルグループが歌う音楽」を意味する。

　特に韓国の大衆歌謡が海外でも人気を集めるようになってから、韓流のようにK-POPという名称が海外で韓国の大衆歌謡を指すものとして広く定着している。

　K-POPが国内外で人気を博している理由は、確固とした実力を基盤とするアイドル歌手たちの独特な魅力のダンス、歌、そして彼らの外見とファッションなどが挙げられる。またこれは長い間彼らを訓練し、振り付け、音楽、ファッション、そして広報などを総合的に支援する芸能事務所があるがゆえに可能だと言える。

　芸能事務所の専門的な支援と本人たちの汗と努力の結果作り出された華麗でレベル高い舞台が海を超えて世界を虜にしているのだ。

심한 악플은 폭력이나 다름없어요

08-01

메구미 : 저 사람 오랜만에 텔레비전에 나왔군요. 한때는 꽤 인기가
　　　　 있었는데 요즘 비호감이 된 이유가 뭐예요?

류 징 : 음주 운전 사고를 낸 적도 있고 또 자기 의견을 너무 강하게
　　　　 표현하고 해서 사람들한테 오해를 받는 모양이에요.

메구미 : 인터넷을 보면 자기가 싫어하는 연예인에 대해 말도 안 되는
　　　　 악플을 다는 사람들이 있던데 좀 심하다는 생각이 들어요.

류 징 : 지나친 경우가 많죠? 사실 확인이 안 된 일을 계속 퍼뜨리고
　　　　 해명을 해도 믿으려 하지 않고…….

메구미 : 그러니까 그런 댓글들 때문에 상처를 받아서 우울증에 걸리는
　　　　 경우도 있잖아요. 심한 악플은 폭력이나 다름없어요.

류 징 : 인기가 생명인 연예인들에게는 당연히 더 견디기 어려운 일일
　　　　 거예요.

● 단어와 표현 単語と表現

□ 한때 一時
□ 비호감 悪印象
□ 의견 意見
□ 표현하다 表現する
□ 연예인 芸能人
□ 악플 批判の書き込み
□ 달다 （掲示板などに記事を）投稿する
□ 심하다 ひどい
□ 지나치다 度が過ぎている
□ 확인 確認
□ 퍼뜨리다 言いふらす
□ 해명을 하다 釈明をする
□ 댓글 （インターネットなどの書き込みに対する）コメント
□ 상처 傷
□ 우울증 うつ病
□ 폭력 暴力
□ 생명 生命
□ 당연히 当然
□ 견디다 耐える

めぐみ ： あの人、久しぶりにテレビに出てきましたね。一時は結構人気があったん
ですが、最近悪印象になった理由は何ですか。

リュジン ： 飲酒運転で事故を起こしたこともあるし、また自分の意見を強く表現しす
ぎるのもあって人々から誤解を受けたようです。

めぐみ ： インターネットを見たら、自分が嫌いな芸能人に対してありえないような
批判の書き込みをする人がいたんですが、ちょっとひどいと思います。

リュジン ： 度を超えている場合が多いですよね？ 事実確認もできていないことを言い
ふらして、釈明しようとしても信じようとしないし……。

めぐみ ： だからそういうコメントのせいで傷ついて、うつ病になる場合もあるで
しょう。ひどい批判の書き込みは暴力と変わりありませんよ。

リュジン ： 人気が命の芸能人には、当然人一倍耐え難いことだと思います。

 문법

 文法

1 -고 해서

➔ 叙述語の語幹に付いて、「それがいろいろある理由のうちの一つである」という意味で用いられ
る。そのため、それ以外に他の理由があることを暗示する。

보기 이 근처에 볼일도 있고 해서 시내에 나왔다가 들렀어요.
この近所に用事もあったので、市内に出てきて立ち寄りました。

바쁘지도 않고 해서 한 며칠 여행이나 다녀오려고 해요.
忙しくもないので、何日かほど旅行にでも行こうと思っています。

적금도 타고 해서 시골에 땅을 조금 살까 하는데…….
積立金も受け取ったので、田舎に土地を少し買おうと思うんですが……。

2 –(으)ㄴ 모양이다

↳ 「모양」は「表面的に現れる見かけや形状」を意味する名詞で、動詞と形容詞の連体形語尾「–(으)ㄴ/는/(으)ㄹ」と連結して、話者が「ある状態や動作を推測」する意味となる。通常、ある状況を見たり聞いたりしたことを根拠として、話者が推測する場合に用いられる。

| 보기 | 그분 이야기를 들으니 회사 상태가 심각한 모양입니다. |

あの方の話を聞くと、会社の状態が深刻なようです。

검은 구름이 낀 걸 보니 비가 많이 올 모양이에요.

黒い雲が出てきたのを見ると、雨がたくさん降りそうですね。

인철이는 늦을 모양이니 우리끼리 먼저 먹자.

インチョルは遅れるようだから、私たちだけで先に食べよう。

3 –(이)나 다름없다

↳ 名詞に付いて、「その名詞を他の物と比べたとき、違いがほとんどないほどである」ことを意味する。

| 보기 | 오랜만에 만났는데도 예나 지금이나 다름없어요. |

久しぶりに会いましたが、昔も今も変わりありませんでした。

이분은 저에게 친부모님이나 다름없는 분이에요.

この方は私にとって本当の親も同然の方です。

자식이 있어도 없는 것이나 다름없다니까요.

子どもがいてもいないのと変わりありませんから。

1

보기

> 머리도 아프다
> / 약속을 다음 주로 미뤘습니다.
>
> 머리도 아프고 해서 약속을 다음 주로
> 미뤘습니다.

(1) 출퇴근이 불편하다 / 직장 근처로 이사를 했습니다.

(2) 맛도 있고 값도 비싸지 않다 / 그 식당에 자주 갑니다.

(3) 이번 주 토요일이 결혼기념일이다 / 외식을 할까 해요.

(4) 지난번에 도움을 많이 받다 / 작은 선물을 하나 샀습니다.

2

보기

> 찬밥이 많이 남다
> / 볶음밥을 만들었습니다.
>
> 가 : 오늘 점심은 볶음밥이군요.
> 나 : 찬밥이 많이 남고 해서 볶음밥을 만
> 들었습니다.

(1) 어머니 생신이다
/ 고향에 다녀오려고요.

웬 선물을 이렇게 많이 준비하셨어
요?

(2) 마음씨도 착하다
/ 제가 먼저 프로포즈를 했어요.

어떻게 부인하고 결혼하게 되었어
요?

(3) 손님도 없다 / 일찍 들어가려고요

왜 오늘은 가게 문을 일찍 닫아요?

(4) 맡은 일도 성공적으로 잘 끝나다
/ 한잔했습니다.

어제 직원들하고 늦게까지 술을 마셨나 봐요?

3

보기

가방을 놓고 갔다 / 다시 오겠다

가방을 놓고 간 걸 보니 다시 올 모양이에요.

(1) 이름이 비슷하다 / 둘이 형제이다

(2) 하루 종일 웃다 / 뭔가 좋은 일이 있다

(3) 직원을 또 뽑다 / 사업이 잘 되다

(4) 기운이 없다 / 시험을 못 봤다

4

보기

벌써 과장이 되었다 / 능력이 있다

가 : 승호 씨가 과장이 되었대요.
나 : 벌써 과장이 된 걸 보니 능력이 있는 모양이에요.

(1) 구급차가 지나가다 / 사고가 났다

갑자기 차가 왜 이렇게 막히죠?

(2) 부장님이 오후 약속을 취소하다
/ 계속 하시겠다

오후에도 계속 회의를 할까요?

(3) 표정이 어둡다 / 기분이 안 좋다

지호 씨가 아까부터 아무 말도 안 해요.

(4) 손에 반지가 없다
/ 아직 결혼하지 않았다

선생님이 결혼을 했을까요?

5

보기

집을 수리하니까 새 집

집을 수리하니까 새 집이나 다름없어요.

(1) 그 친구와 저는 형제

(2) 아주 깨끗이 써서 새 거

(3) 이곳에서 평생을 살았기 때문에 고향

(4) 도장은 찍지 않았지만 계약을 한 것

단어 単語 □ 미루다 延期する □ 직장 職場 □ 결혼기념일 結婚記念日 □ 찬밥 冷ご飯 □ 마음씨 気立て
□ 형제 兄弟 □ 장사 商売 □ 기운 元気 □ 능력 能力 □ 구급차 救急車 □ 취소하다 取り消す

듣기

1 듣고 이어지는 말을 고르십시오.  08-07

音声を聞いて続く答えを選びなさい。

① 정말요? 당장 바꿔야겠네요.　　② 글쎄요, 문자도 많이 보내고 해서…….

③ 그럼요, 무료이고말고요.　　④ 그래요? 공짜나 다름없군요.

2 듣고 대답하십시오. 08-08

音声を聞いて質問に答えなさい。

(1) 이 글은 어떤 글입니까?

① 부모님께 보낸 편지　　② 하루 생활을 적은 일기

③ 친구에게 보낸 이메일　　④ 방송국에 보낸 글

(2) 듣고 맞으면 ○, 틀리면 × 하십시오.

① 이 사람은 호주에 유학 온 지 오래 되었습니다.

② 외국에서도 컴퓨터를 통해 한국 방송을 들을 수 있습니다.

③ 이 사람은 엄마의 생일을 축하하고 싶어합니다.

④ 이 사람은 엄마와 통화를 하지 못해서 글을 쓰게 되었습니다.

3 듣고 빈칸에 알맞은 말을 쓰십시오. 08-09

音声を聞いて空欄に合う言葉を書きなさい。

전화기가 꺼져 있어 소리샘으로 연결 중입니다.

(　　　　　　　　) 통화료가 부과됩니다.

메시지를 (　　　　　　　　) 1번, 연락 번호를 (　　　　　　　　) 2번을 눌러 주십시오.

지역 번호와 (　　　　　　　　) 전화번호를 (　　　　　　　　) 별표나 우물 정자를 눌러 주십시오.

저장되었습니다. (　　　　　　　　) 감사합니다.

「ㄴ」音の添加

2つ以上の言葉からなる単語で、前の言葉が子音で終わり、後ろの単語や接尾辞の第一音節が「이, 야, 여, 요, 유」の場合は「ㄴ」を添加し［니, 냐, 녀, 뇨, 뉴］と発音する。二つの単語を続けて一言で発音する場合もこれに準ずる。

① 꽃잎 [꼳닙] → [꼰닙]　　　　　색연필[색년필] → [생년필]

　영업용[영업뇽] → [영엄뇽]　　나뭇잎[나묻닙] → [나문닙]

　강남역 [강남녁]　　　두통약 [두통냑]　　　식용유[시굥뉴]

② 앞일 [압닐] → [암닐]　　　　　서울역[서울녁] → [서울력]

　휘발유[휘발뉴] → [휘발류]　　물약[물냑] → [물략]

③ 할 일[할 닐] → [할 릴]　　　　옷 입다 [온 닙따] → [온 닙따]

　한 일[한 닐]　　　　　　　　졸업 여행[조럽 녀행] → [조럼 녀행]

제9과 다시 학교에 다녀 보고 싶은 마음이 드네요

09-01

동　료: 어제 우리 아들 학교에 가서 수업 참관을 했는데 수업하는 모습이
우리 때와는 완전히 달라졌어요. 시설도 얼마나 잘 돼 있는지
몰라요.

이 대리: 어땠는데요?

동　료: 다양한 자료를 사용할 수 있게 교실마다 컴퓨터와 스크린이
설치되어 있었어요. 그리고 그런 걸 이용해서 원어민이 영어를
가르쳐 주고 아이들도 꽤 잘 따라했어요.

이 대리: 어학 수업을 그렇게 하면 외국어를 생생하게 배울 수 있겠네요.

동　료: 그리고 선생님 말씀에 의하면 학생들이 직접 동영상을 만들어서
발표하기도 한다는군요.

이 대리: 초등학생들이 그런 것까지 해요? 그런 말을 들으니까 다시 학교에
다녀 보고 싶은 마음이 드네요.

◉ **단어와 표현** 単語と表現

□ **참관을 하다** 参観をする　　□ **완전히** 完全に　　　　□ **시설** 施設
□ **다양하다** 様々だ　　　　　□ **설치되다** 設置される　□ **원어민** ネイティブスピーカー
□ **따라하다** まねする　　　　□ **생생하다** 生き生きとしている
□ **동영상** 動画　　　　　　　□ **마음이 들다** ～という気持ちになる

同僚　：　昨日、うちの息子の学校に行って授業参観をしたんですが、授業をする姿
　　　　　が私たちのときとは完全に変わりました。施設もどれだけ充実しているこ
　　　　　とか。

イ代理　：　どうだったんですか。

同僚　：　様々な資料が使えるように、教室ごとにパソコンとスクリーンが設置され
　　　　　ていました。それからそういったものを利用してネイティブスピーカーが
　　　　　英語を教えてくれて、子どもたちも結構よくまねしていました。

イ代理　：　語学の授業をそういう風にしたら外国語を生き生きと学べそうですね。

同僚　：　それから先生のお話によると、学生たちが自分で動画を作って発表したり
　　　　　もするそうですよ。

イ代理　：　小学生がそんなことまでするんですか。そんな話をきいたらもう一度学校
　　　　　に通ってみたいという気持ちになりますね。

1 얼마나 –(으)ㄴ지 모르다

➔ 「–(으)ㄴ지/는지/었는지 몰라요」（『中級1』第4課文法参照）の前に「얼마나」が付き、強い肯定
　の意味を表す反語的な表現。話者が自身の経験したことや知っている事実を強調する意味で用いら
　れる。「얼마나 –다고요./(느)ㄴ다고요.」も似た意味で使われる。

　보기　어제 지은 씨네 집들이에 갔다 왔는데 집이 얼마나 큰지 몰라요.
　　　　昨日、ジウンさんの家の引っ越し祝いに行ってきたんですが、家がどんなに大きかったことか。

　　　　우리 아이는 5살이 되고부터 얼마나 말을 안 듣는지 몰라요.
　　　　うちの子どもは5歳になってから、どれほど言うことをきかないことか。

　　　　책을 읽고 있는데 갑자기 문이 열려서 얼마나 놀랐다고요.
　　　　本を読んでいるところに急に扉が開いてどれほど驚いたことか。

2 −게

↪ 動詞の語幹に付いて、先行する節が後行する節の「目的」であることを表す。

보기 개가 집 밖으로 나오지 못하게 묶어 놓았습니다.
　　　犬が家の外に出られないようにつないでおきました。

　　　물을 끓이게 주전자 좀 꺼내 주세요.
　　　お湯を沸かすためにちょっとやかんを出してください。

　　　사람들이 앉아서 쉬게 여기에 의자를 놓는 게 어때요?
　　　人が座って休むようにここに椅子を置くのはどうですか。

3 −에 의하면

↪ 「依拠する」の意味を持つ動詞「의하다」が「−에 의하면」の形で用いられる。前の名詞を根拠にすることを意味する。そのため前に来る名詞は通常、言葉や情報になり得るものが用いられ、叙述語は主に間接話法の形で用いられる。

보기 교통 안내 방송에 의하면 지금 시내 도로가 많이 막힌대요.
　　　交通案内の放送によると、今、市内の道路がとても渋滞しているそうです。

　　　대사관 직원 말에 의하면 비자가 나오는 데 1주일 정도 걸린대요.
　　　大使館の職員の話によると、ビザがでるのに1週間ほどかかるそうです。

　　　내 짐작에 의하면 사장님이 이번 일은 그냥 지나가지 않을 것 같아요.
　　　私の予想では、社長が今回のことをだまって見過ごさないと思います。

1

09-02

보기

우리 집은 남향이어서 겨울에도
/ 따뜻하다

우리 집은 남향이어서 겨울에도 **얼마나 따뜻한지 몰라요.**

(1) 사고가 났는데 인명 피해가 없어서 / 다행이다

(2) 부탁을 못 들어 줘서 / 미안하다

(3) 아기가 아직 돌이 안 됐는데 / 잘 걷다

(4) 영상 통화를 처음 할 때 / 재미있고 신기했다

2

09-03

보기

밤새 눈이 와서 길이 / 미끄럽다

가 : 길이 많이 미끄러워요?
나 : 밤새 눈이 와서 길이 **얼마나** 미끄러운지 몰라요.

(1) 1년 동안 고생했는데 합격해서 / 좋다

아들이 원하는 대학에 들어가서 좋죠?

(2) 네, 사춘기라서 외모에 / 신경을 쓰다

요즘 지현이가 거울을 자주 보네요.

(3) 힘들어도 / 보람이 있다

일이 많이 힘드실 텐데 정말 수고가 많으십니다.

(4) 네, 아이가 없어졌을 때 / 놀랐다

백화점에서 아이를 잃어버렸다가 찾았다면서요?

3

보기

짐이 깨지지 않다 / 잘 싸서 옮기세요.

짐이 깨지지 않게 잘 싸서 옮기세요.

(1) 뒤에서도 잘 보이다 / 글씨를 크게 써 주세요.

(2) 다른 사람에게 방해되지 않다 / 조용히 말하세요.

(3) 다른 사람이 들어오지 못하다 / 문을 꼭 잠그세요.

(4) 혼자서 찾아올 수 있다 / 약도를 자세히 그려 주었습니다.

4

보기

네, 아이들이 먹을 수 있다
/ 적당히 잘라 주세요.

가 : 이 갈비를 잘라 드릴까요?
나 : 네, 아이들이 먹을 수 있게 적당히
   잘라 주세요.

(1) 네, 시간이 잘 맞다 / 고쳐 주세요.

이 시계가 자꾸 늦어지나요?

(2) 아니요, 뒤에서도 들을 수 있다
/ 크게 말씀해 주십시오.

뒤에서 제 목소리가 들립니까?

(3) 넘어지지 않다
/ 이쪽 벽에 잘 붙여 놓았습니다.

책장을 어디다가 놓았어요?

(4) 꽃이 시들지 않다
/ 자주 물을 갈아줬거든요.

이 꽃이 아직도 싱싱하네요.

5

보기

이 신문 기사
/ 올해는 경기가 좀 나아질 거래요.

가 : 올해 경제 상황도 작년처럼 나쁘면
어떻게 하죠?
나 : 이 신문 기사에 의하면 올해는 경기
가 좀 나아질 거래요.

(1) 안내 방송 / 두 시간 쉬고 출발한대요.

이 비행기는 방콕에서 얼마나 쉽니
까?

(2) 일기 예보 / 내일 오전에는 비가 오다
가 오후에 차차 갤 거래요.

내일 날씨가 좋아야 하는데……

(3) 판매원 말
/ 한 달에 한 번 바꿔 줘야 한대요.

이 청소기 필터는 얼마나 자주
교환해야 해요?

(4) 계약서 / 이번 달 말까지 내는 거래요.

아파트 잔금은 언제까지 내야 해요?

단어 単語　□남향 南向き　□인명 人命　□피해 被害　□다행 幸い　□영상 통화 テレビ電話　□신기하다 不思議だ
□밤새 一晩中　□외모 外見　□보람 やりがい　□수고 苦労　□방해되다 邪魔になる
□잠그다 鍵をかける　□약도 略図　□자세히 詳しく　□넘어지다 倒れる　□시들다 （植物が）枯れる
□싱싱하다 生き生きしている　□경기 景気　□상황 状況　□차차 徐々に　□개다 晴れる　□잔금 残金

활동

리플 달기

다음은 인터넷에 나온 기사입니다. 다음 기사를 읽고 리플을 써 보십시오.

次はインターネットに出た記事です。記事を読んでコメントを書いてみてください。

[1] 유명 연예인의 결혼 발표 기사

유명 여배우 A씨는 금융 회사에 다니는 평범한 회사원과 다음 달 19일에 B호텔에서 결혼식을 올린다. 한 남자의 아내로 새로운 인생을 걸어가기로 결정한 A 씨에게 축하 부탁드리며 예쁜 시선으로 축복해 주시기를 바란다고 소속사가 밝혔다.

_____

_____

_____

[2] 다이어트 성공 기사

가수 C씨가 다이어트에 성공해 2달 만에 10킬로그램을 뺐다. 얼굴 볼살도 없어지고 몸매도 운동을 같이 해서 탄력이 있고 날씬해졌다. 무엇보다 자신감과 생활의 활기를 되찾아 기뻐한다.

_____

_____

_____

[3] 스포츠 선수의 은퇴 발표

미국의 유명 풋볼 선수인 D씨가 오늘 구단 사무실에서 공식 은퇴를 발표했다. D씨는 12년 동안 써 왔던 헬멧을 내려놓는 순간 흐르는 눈물을 참지 못했다. 그는 2001년 처음 지명을 받아 구단에 입문한 뒤 2번의 슈퍼볼 우승 반지를 손에 끼었고 2009년에는 최우수(MVP) 선수로도 뽑혔다.

_____

_____

_____

[4] 뺑소니 사고

헐리우드 여배우 E씨가 뺑소니 사고 혐의를 받고 있다. 5일 새벽 스포츠카를 타고 클럽에서 나오다가 파파라치와 구경꾼들이 몰리자 놀라서 급히 도망치다가 그 중 한 명을 자신의 차로 치고 도주했다. 피해자는 다친 곳은 없으나 변호사를 선임해 E씨를 고소할 것으로 보인다.

_____

_____

_____

제10과 이 대리님한테 안 보여줬더라면 연체료 낼 뻔 했어요

🔘 10-01

수　지：　이게 우편함에 꽂혀 있던데, 수도 요금 고지서 아니에요?

이 대리：　어디 봅시다. 맞아요. 그런데 수지 씨 아파트는 수도 요금

　　　　　　고지서가 따로 나오나 봐요. 저희는 가스 요금이 따로 나오는데.

수　지：　이런 공과금은 관리비에 다 포함되지 않나요?

이 대리：　대부분은 그런데 지역에 따라 조금씩 다를 거예요.

　　　　　　아이고, 마감일이 오늘이네요.

수　지：　이 대리님한테 안 보여줬더라면 연체료 낼 뻔 했어요. 이따가

　　　　　　오후에 은행에 가서 내야겠네요.

이 대리：　오늘이 말일인데다 월요일이니까 사람이 많아서 한참 기다릴지

　　　　　　몰라요. 시간이 되면 오전에 갔다 오도록 하세요.

단어와 표현 単語と表現

□ 우편함 郵便受け　　　□ 수도 水道　　　　　□ 요금 料金
□ 고지서 告知書　　　　□ 공과금 公共料金　　□ 관리비 管理費
□ 포함되다 含まれる　　□ 대부분 大部分　　　□ 연체료 延滞料
□ 말일 末日　　　　　　□ 한참 長い間、しばらく

スージー ： これ、郵便受けにささっていたんですが、水道料金の告知書じゃありませんか。

イ代理 ： どれどれ、そうです。ところで、スージーさんのアパートは水道料金の告知書が個別に送られてくるようですね。私のところはガス料金が個別に送られてきますが。

スージー ： このような公共料金は管理費に全部含まれるんじゃないんですか。

イ代理 ： 大部分はそうですが、地域によって少しずつ違うと思います。あらまぁ、期限は今日ですね。

スージー ： イ代理に見せていなかったら延滞料を払うことになるところでした。あとで午後に銀行に行って払わなければいけませんね。

イ代理 ： 今日は末日の上に月曜日なので、人が多くて長い間待つかもしれません。時間があれば午前に行くようにしてください。

 문법 文法

1　-았/었더라면

➥ 叙述語の語幹に付いて、過去にすでに完了した事実を他の条件と状況に仮定するときに用いられる。

보기　조금만 조심했더라면 사고가 나지 않았을 텐데…….
　　　少しでも気をつけていたなら、事故は起こらなかったでしょうに……。

　　　현금으로 가지고 갔더라면 문제가 없었을 거예요.
　　　現金で持って行っていたら、問題はなかったはずです。

　　　그 사람이 도와주지 않았더라면 굉장히 고생했을 거예요.
　　　あの人が助けてくれてなかったら、非常に苦労していたはずです。

2 -(으)ㄹ 뻔하다

➥ 動詞の語幹に付いて、「実際には起こらなかったが、ほとんどその状況が起こるくらいになった」ことを意味する。主に否定的な意味を持つ動詞とともに用いられ、そのような状況が起こらなくて良かったという意味を表す。

| 보기 | 한눈파는 사이에 아이가 위험할 뻔했어요.
目を離した隙に子どもが危ない目にあうところでした。

누구에게나 죽을 뻔한 경험이 한두 번쯤 있을 거예요.
誰にでも死にかけた経験が一度や二度くらいはあるでしょう。

넘어질 뻔했는데 손잡이를 잡아서 다행히 안 넘어졌어요.
転びそうになりましたが、手すりをつかんだので幸いにも転びませんでした。

3 -도록

➥ 動詞や一部の形容詞に付いて、「ある状態や目標まで到達する」ことを意味する。「-도록」の後に動詞の「하다」を用いると、「前述の状態に到達するために努力する」という意味になる。「-도록」の後に節が続くと意識的に「向かっていく方向や目標」を表す。時間の意味を表す言葉の後に用いられる場合、時間の限界を意味し、「-(으)ㄹ 때까지」と同様の意味を表す。これ以外にも慣用的な表現とともに用いられるが、「ひどい状態であること」を表すために、前には誇張表現を用いることがある。

| 보기 | 내일 일찍 일어나야 하니까 일찍 자도록 합시다.
明日早く起きなければならないので、早く寝るようにしましょう。

면접시험에서는 실수하지 않도록 하세요.
面接試験では失敗しないようにしてください。

이 책은 외국 사람들이 이해할 수 있도록 쉽게 설명해 놓았습니다.
この本は外国の人が理解できるように、簡単に説明してあります。

사람들이 찾지 못하도록 꼭꼭 숨기세요.
皆が見つけられないように、しっかり隠してください。

밤이 새도록 이야기를 나누었습니다.
徹夜になるくらい話をしました。

목이 아프도록 설명했는데도 내 말을 알아듣지 못하는 것 같았어요.
喉が痛いくらい説明したのに、私の言うことを理解できないようです。

1

보기

오늘 생일인 줄 알다
/ 작은 선물이라도 준비했을 텐데…….

오늘 생일인 줄 알았더라면 작은 선물이라도 준비했을 텐데…….

(1) 아침에 일기 예보를 듣다 / 우산을 가지고 왔을 거예요.

(2) 미리미리 하다 / 이렇게 일이 쌓이지 않았을 텐데요.

(3) 시간이 좀 더 있다 / 이야기를 충분히 할 수 있었을 겁니다.

(4) 예약하지 않다 / 구경을 못했을 거예요.

2

보기

너무 바빠서 약속을 잊어버리다

너무 바빠서 약속을 잊어버릴 **뻔했어요.**

(1) 일하다가 손을 다치다

(2) 결혼기념일을 그냥 지나치다

(3) 계단을 내려가다가 넘어지다

(4) 가스레인지를 켜 놓고 잠이 들어서 불이 나다

3

보기

수민 씨가 그려 준 약도가 없다
/ 고생하다

가 : 처음 가 보는 길이었을 텐데 집을 찾기가 쉬웠어요?

나 : 수민 씨가 그려 준 약도가 없었더라면 고생할 뻔했어요.

(1) 말해 주지 않다 / 마시다

그 우유는 유통기한이 지난 건데요.

(2) 네, 지나가는 사람의 도움이 없다
/ 혼자서 고생하다

어제 길에서 쓰러졌다면서요?

(3) 네, 친구한테 선물로 받았는데 그 날 사다 / 후회하다

이 노래 시디가 지난번에 사려고 했던 거예요?

(4) 네, 그때 비상약을 가지고 가지 않다
/ 큰일 나다

외국에 여행 갔을 때 배탈이 났었다고요?

4

보기

아무리 바빠도 약은 제시간에 먹다 / 하세요.

아무리 바빠도 약은 제시간에 먹도록 하세요.

우표가 떨어지지 않다 / 풀로 잘 붙이세요.

우표가 떨어지지 않도록 풀로 잘 붙이세요.

(1) 오늘 회의에서는 결정을 하다 / 합시다.

(2) 위험하니까 아이가 만지지 못하다 / 하세요.

(3) 자동차 두 대가 들어가다 / 주차장을 넓혔습니다.

(4) 아이가 열지 못하다 / 뚜껑을 꼭 닫아 놓았습니다.

5

세 시가 되다 / 점심도 안 먹고 뭘 한 거예요?

세 시가 되**도록** 점심도 안 먹고 뭘 한 거예요?

오랜만에 뷔페식당에서 배가 터지다 / 먹었어요.

오랜만에 뷔페식당에서 배가 터지**도록** 먹었어요.

(1) 20살이 넘다 / 데이트를 한 번도 안 해 봤다고요?

(2) 봄이 다 지나다 / 왜 꽃이 안 피는지 모르겠어요.

(3) 눈이 빠지다 / 그 사람을 기다렸어요.

(4) 코가 비뚤어지다 / 술을 마셨어요.

보기

준비해야 하니까 9시까지 오다
/ 하세요

가 : 내일 10시까지 오면 되나요?
나 : 준비해야 하니까 9시까지 오도록 하세요.

(1) 앞으로는 대화도 많이 하고 잘 지내다
/ 합시다.

서로 대화가 없어서 지금까지 오해를 많이 한 것 같아요.

(2) 음식이 남지 않다
/ 먹을 만큼만 준비하세요.

음식을 얼마나 준비할까요?

(3) 밤이 깊다 / 친구들과 얘기를 했어요.

오랜만에 친구들을 만났는데 얘기를 많이 했어요?

(4) 침이 마르다 / 칭찬을 하시던데요.

정 교수님이 예주에 대해서 어떻게 말씀하셨어요?

단어 単語 　□잠이 들다 眠る 　□쓰러지다 倒れる 　□비상약 常備薬 　□뚜껑 ふた 　□터지다 破裂する
　　　　　□비뚤어지다 曲がる 　□(밤이) 깊다 (夜が) 深い 　□침 唾

에너지 절약법 3 · 3 · 3

우리나라는 에너지의 96%를 수입에 의존하고 있고, 석유 소비는 세계 10위입니다. 최근 들어 계속되는 유가 인상으로 정부에서는 다음과 같은 절약 운동을 국민들에게 권장하고 있습니다.

가정에서 3	• 플러그 뽑기 • 불필요한 조명 끄기 • 적정 실내온도 지키기
사무실에서 3	• 점심 · 퇴근 시간 조명등 끄기 • 사용하지 않는 컴퓨터 끄기 • 엘리베이터 운행 줄이기
자동차에서 3	• 요일제 참여하기 • 대중교통 이용하기 • 경제속도 실천하기(60km/h~80km/h)

공동 주택에서의 예절

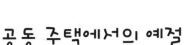

요즘 몇 가지 민원이 제기되어 주민 여러분에게 공동 주택 생활에 있어서 꼭 지켜야 할 예절에 대해 다시 한 번 부탁 말씀 드립니다.

• 현관 앞이나 계단 등 공용 부분에 물건(자전거, 신문 등)이나 쓰레기를 내놓지 마십시오. 다른 주민들의 통행에 방해가 되고 불쾌감을 줄 수 있사오니 물건이나 쓰레기를 내놓으신 분들은 빠른 시일 내에 치워 주시기 바랍니다.

• 층간 소음으로 민원이 발생하는 일이 많습니다. 저녁 시간에 피아노 연습 등을 삼가 주시고, 러닝머신 사용, 골프 연습 시에는 소음이 발생하지 않도록 해 주시기 바랍니다. 음향기기와 텔레비전 볼륨을 너무 크게 하지 마시고, 어린 아이들이 집안에서 뛰지 않도록 주의해 주십시오.

1 첫 번째 글의 내용과 <u>다른</u> 것을 고르십시오.

① 천천히 달리면 자동차 기름을 절약할 수 있다.

② 가능하면 계단을 이용하도록 한다.

③ 사용하지 않는 가전제품은 플러그를 빼 놓는다.

④ 1주일 중 하루를 정해 자동차를 운전하지 않는다.

2 여러분이 생활에서 실천하는 에너지 절약법이 있습니까?

3 두 번째 글을 읽고 빈칸에 알맞은 단어를 쓰십시오.

(1) 쓰레기나 자전거는 현관 앞이나 계단 같은 (　　　　　　　)에 내놓지 마십시오.

(2) 아파트 같은 (　　　　　　)에서는 이웃간에 서로 예절을 지켜야 합니다.

(3) 요즘 (　　　　　)으로 이웃 간에 불쾌한 일이 생기는 경우가 많습니다.

4 한국의 공동 주택에서 생활해 본 적이 있습니까? 불편했거나 재미있었던 경험이 있었습니까?

단어 単語

□ 수입 輸入	□ 의존하다 依存する	□ 석유 石油
□ 소비 消費	□ -위 ~位	□ 유가 石油価格
□ 인상 引き上げ	□ 권장하다 奨励する	□ 조명 照明
□ 적정 適正	□ 참여하다 参加する	□ 경제속도 経済的な速度
□ 실천하다 実践する	□ 공동 주택 共同住宅	□ 예절 マナー
□ 민원 苦情	□ 제기되다 提議される	□ 공용 共用
□ 통행 通行	□ 불쾌감 不快感	□ 층간 소음 上下階の騒音
□ 발생하다 発生する	□ 삼가다 謹しむ	□ 음향기기 音響機器

徴兵制度

　韓国の男性には、徴兵制度がある。高校卒業時に身体検査があり、大きな問題がない場合は、その後軍隊に入ることになる。大学や専門学校に進学した場合は、途中で休学して軍隊に行く人が多い。

　最も一般的なのが、陸軍に入るコースだ。期間は18ヵ月（2021年8月現在）。射撃やテコンドーの練習などの軍事訓練を受ける毎日が続く。大学院で修士課程を修了した人の場合は、政府で指定している企業に入り、そこで3年間勤務すれば兵役と同等にみなされる。また、一人息子が3代続いている家庭の場合は期間が短縮されるなど、形態はいろいろだ。

　ある経験者は「軍隊生活は、集団行動を身につけることができ、社会に出ても役に立つはずだ」と言う。しかし、「青春の一番いい時期を軍隊で過ごすのはもったいない」との声もある。

11-01

수　지 : 마이클 씨, 한국에 온 지 1년이 다 돼 가지 않아요?

마이클 : 네, 비자가 6월이면 끝나는데, 가능하면 연장해서 더 있고 싶어요.

수　지 : 마이클 씨는 한국 생활에 워낙 적응도 잘하고 직장에서도 인정받고
　　　　있으니까…….

마이클 : 인정받기는요. 여기 생활에 꽤 익숙해졌고 아이들 가르치는 것도
　　　　적성에 맞고 해서 좀 더 있으려는 건데요, 뭘.

수　지 : 그러려면 비자 연장 신청을 미리 해 놓는 게 좋을 거예요.
　　　　제 친구는 체류 기간이 끝나갈 때 급히 하려다가 고생 좀 했거든요.

마이클 : 그런데 어떤 서류가 필요한지 아세요?

수　지 : 제가 작년에 할 때는 고용 계약서하고 신원 보증서를 냈었어요.
　　　　자세한 건 출입국 관리 사무소에 전화해서 알아보세요.

◉ 단어와 표현　単語と表現

- □ **연장하다** 延長する
- □ **체류 기간** 在留期間
- □ **신원 보증서** 身元保証書
- □ **워낙** なにしろ
- □ **급히** 急いで
- □ **출입국 관리 사무소** 出入国管理事務所
- □ **인정받다** 認められる
- □ **고용 계약서** 雇用契約書

スージー ：	マイケルさん、韓国に来てもう１年になるんじゃありませんか。
マイケル ：	はい。ビザが６月に切れるんですが、可能であれば延長してもっといたいです。
スージー ：	マイケルさんはなにしろ韓国の生活によく適応しているし、職場でも認められていますから……。
マイケル ：	認められているだなんて。ここの生活に結構慣れたし、子どもたちに教えるのも適性に合っていますから、もう少しいようと思っているんですよ。
スージー ：	そうするつもりなら、ビザの延長申請を前もってしておくのがいいと思いますよ。私の友だちは在留期間が終わりかけているときに急いで申請しようとして、ちょっと苦労したんですよ。
マイケル ：	ところで、どんな書類が必要かご存じですか。
スージー ：	私が去年申請したときは雇用契約書と身元保証書を出しました。詳しいことは、出入国管理事務所に電話して問い合わせてください。

1 -아/어 가다(오다)

↪ 動詞と連結し、時間の流れに沿って動作が継続したり、空間的な移動があることを表す。話者がいる時間や場所を基準として、だんだん遠くなる場合は「-아/어 가다」、だんだん近くなる場合は「-아/어 오다」の形で用いる。

> **보기**　다 완성되어 가니까 조금만 기다려.　完成に近づいているから、もう少し待って。
>
> 웬 남자가 나를 향해 접근해 오면서 따라오라는 눈짓을 했다.
> 知らない男が私に向かって接近してきながらついて来いという目をした。
>
> 열심히 해 가면 언젠가는 좋은 결과가 있을 겁니다.
> 一生懸命していけば、いつかはいい結果があるはずです。

2 -(으)ㄴ데, 뭘

↳ 「-(으)ㄴ데, 뭘 그래요?」が縮約されて「-(으)ㄴ데, 뭘」や「-(으)ㄴ데, 뭐」の形になったもの。通常、話者が相手の行動や意見に対して軽く異議をとなえたり、代案を提示したりする場合に用いられる。「-기는요. 뭐」、「-지요. 뭐」などの形でも用いられる。

보기 가 : 이 옷이 저에게 잘 안 어울리는 것 같아요. この服、私にあまり似合わないようです。

나 : 아니요, 젊어 보이는데요, 뭘. いいえ、若く見えますけど。

가 : 한국말을 잘하시네요. 韓国語お上手ですね。

나 : 잘하기는요, 뭘. 上手だなんてそんな。

가 : 야유회갈 때 도시락은 각자 준비해야 하나요?
　　ピクニックに行くときのお弁当は各自準備しなければなりませんか。

나 : 제가 한꺼번에 준비하지요, 뭘. 私がまとめて準備しましょう。

3 -았/었었다

↳ 過去の時制を表す語幹「-았/었」のあとに過去の時制の語幹「-었」が重複して用いられる形。「過去のある時点を基準に、それよりも先に完了したことや過去の動作や事実が、現在と異なったり断絶されている」ことを表す。

보기 지금은 키가 작지만 어렸을 때는 컸었어요.
今は背が低いですが、小さい時は高かったです。

어제 선생님이 물어봤을 때 사실은 숙제를 하지 않았었어요.
昨日先生に聞かれたとき、実は宿題をしていませんでした。

저는 대학 시절에 사진 동아리 활동을 했었어요.
私は大学時代に写真サークルの活動をしていました。

1

신경 써서 물을 주었는데도 점점 시들다 / 가요.

신경 써서 물을 주었는데도 점점 시들어 가요.

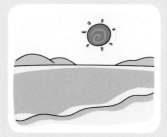

아침 해가 점점 밝다 / 오네요.

아침 해가 점점 밝아 오네요.

(1) 아이가 크다 / 가면서 성격이 많이 바뀌었어요.

(2) 의사 선생님이 다 죽다 / 가는 사람을 살려 냈습니다.

(3) 지금까지는 숨기다 / 왔지만 더 이상은 숨길 수 없어요.

(4) 지금까지 직장 생활을 잘하다 / 왔는데 왜 갑자기 그만두려고 해요?

2

네, 저는 40년 동안 동양화를 그리다 / 왔습니다.

가 : 선생님은 오랫동안 동양화를 그리셨지요?

나 : 네, 저는 40년 동안 동양화를 그려 왔습니다.

(1) 어렸을 때는 몰랐는데 점점 자기 아빠를 닮다 / 가는 것 같아요.

아이가 아빠와 비슷하게 생겼어요.

(2) 다 되다 / 가는데 조금이라도 먹고 가라.

엄마, 저 시간이 없어서 밥 안 먹고 그냥 갈래요.

(3) 네, 우리가 힘을 모아 이 어려움을 극복하다 / 갑시다

큰일이네요. 갑자기 동남아 수출이 끊겨서…….

(4) 지금까지 살다 / 오면서 어제 같은 일은 처음이었어요.

그 일 때문에 기분이 많이 상하신 것 같아요.

3

보기

이 자리도 괜찮다

가 : 좋은 자리는 벌써 표가 다 팔리고 이 자리밖에 없었습니다.
나 : 이 자리도 괜찮은데요, 뭘.

(1) 충분할 것 같다

음식이 모자라지 않을까요?

(2) 괜찮습니다. 바쁜 일도 없다

오래 기다리게 해서 죄송합니다.

(3) 네, 생각했던 것보다 힘들지 않다

입사해서 처음으로 야근하는 거지요?

(4) 괜찮아요. 다 끝난 일이다

지난번에 저 때문에 곤란하셨죠? 제가 모르고 그랬습니다.

4

보기

> 이 건물이 옛날에는 병원이다

이 건물이 옛날에는 병원이었었어요.

(1) 오전에 어떤 분이 찾아오다

(2) 지난번에 여기에서 사고가 나다

(3) 저는 어제 모임이 있는지 모르다

(4) 작년에 미국 갈 때 비자를 받지 않다

5

보기

> 아니요, 옛날에는 살이 찌다

가 : 옛날에도 이렇게 말랐었어요?
나 : 아니요, 옛날에는 살이 쪘었어요.

(1) 네, 뉴욕 근교에서 한 3년 살다

미국에서 산 적이 있어요?

(2) 볼일이 있어서 외출하다

어제 오후에는 뭐 하셨어요?

(3) 제가 어렸을 때는 서울에 전차가 다니다

어렸을 때 서울에서는 어떤 교통수단을 주로 이용했어요?

(4) 결혼했을 때 스무 살도 되지 않다

그분은 일찍 결혼하셨나 봐요.

단어 単語
□해 太陽 □밝다 明ける □숨기다 隠す □동양화 東洋画、韓国画 □극복하다 克服する
□동남아 東南アジア □수출 輸出 □야근하다 残業する □(살이) 찌다 太る □근교 近郊
□전차 路面電車 □교통수단 交通手段

듣기

1 듣고 맞는 그림을 고르십시오.
音声を聞いて合う絵を選びなさい。

①

②

③

④

2 듣고 이어지는 말을 고르십시오.
音声を聞いて続く答えを選びなさい。

(1)

① 휴대폰을 꺼 놓은 모양이야.

② 잊어버리기 전에 꺼 놓게 해야 해.

③ 네가 얘기 안 해 주었더라면 잊어버릴 뻔했다.

④ 휴대폰을 꺼 놓을 줄 몰랐어.

(2)

① 건강에도 안 좋고 해서 얼마동안 끊었었어요.

② 20년 넘도록 피워 온 담배를 끊는다는 게 쉬운 일이 아니잖아요.

③ 뉴스에 의하면 공공장소에서는 앞으로 담배를 피울 수 없게 된다고 해요.

④ 다른 사람에게 피해를 주지 않게 건물 안에서는 못 피우게 했어요.

(3)

    ① 일이 끝나자마자 얼른 돌아오라던데요.

    ② 차를 세워 둘 데가 없다던데요.

    ③ 주차 문제가 심각하다던데요.

    ④ 연락처를 써 놓는 걸 깜빡 잊었다던데요.

3   듣고 질문에 대답하십시오. 🔘 11-09

   音声を聞いて質問に答えなさい。

(1) 남자는 왜 전화를 했습니까?

    ① 진료 예약을 하려고

    ② 진료 예약을 변경하려고

    ③ 진료비를 환불 받으려고

    ④ 진료 예약을 취소하려고

(2) 윗글의 내용과 <u>다른</u> 것을 고르십시오.

    ① 남자는 4월 3일에 병원 예약이 돼 있었다.

    ② 남자는 얼마 후에 다시 병원에 갈 예정이다.

    ③ 남자는 내일로 예약을 변경했다.

    ④ 주민등록번호로 본인 확인을 할 수 있다.

🔘 12-01

바 투 : 다음 주에 이사 가는데 이사 갈 집에 가구가 빌트인 돼 있어서
　　　가구를 정리해야 할 것 같아요.

친 구 : 필요한 친구에게 주거나 중고시장에 팔거나 하는 게 어때요?

바 투 : 그렇게 하려고 했는데 다들 괜찮다고 하네요. 옷장이랑 책장은
　　　새 거 같아서 버리기에는 아까운데, 어쩔 수 없지요.

친 구 : 가구는 그냥 버리면 안 되고, 행정복지센터에 가서 신고해야 하는
　　　걸로 알고 있는데…….

바 투 : 그래요? 혹시 인터넷으로 하는 방법은 없을까요?

친 구 : 잠시만요. 찾아볼게요. (검색을 해 본 후에) 행정복지센터에 가도
　　　되고, 인터넷으로 발급받은 스티커를 붙여서 내놓아도 돼요.
　　　스티커가 붙은 가구에 한해서 정해진 날에 수거해 간다고 하네요.

◉ **단어와 표현** 単語と表現

□ **빌트인** ビルトイン、組み入れられた　□ **어쩔 수 없다** やむを得ない　□ **신고하다** 申し込む
□ **행정복지센터** 住民センター　　　　□ **발급받다** 発給される　　　　□ **내놓다** 出す、差し出す
□ **수거하다** 収集する

バトゥ ： 来週引っ越すんですが、引っ越し先に家具がついているから、今の家具を
　　　　処分しなければならないと思います。

友人 ： 必要としている友だちにあげるとか、リサイクルショップに売るとかした
　　　　らどうですか。

バトゥ ： そうしようと思ったんですが、友だちはみんないらないそうです。洋服ダ
　　　　ンスや本棚は新品みたいなので捨てるのはもったいないですが、しょうが
　　　　ないですね。

友人 ： 家具はそのまま捨ててはだめで、住民センターに行って申し込まなくては
　　　　いけないと思いますが……。

バトゥ ： そうなんですか。ひょっとしてインターネットで申し込む方法はないでしょうか。

友人 ： ちょっと待ってください。調べてみます。（検索したあと）住民センターに行っ
　　　　てもいいし、インターネットで発給されたシールをはって出してもだいじょうぶ
　　　　です。シールをはった家具に限って、決められた日に収集していくそうですよ。

문법

文法

1　-거나 -거나

⤷ 二つの事実の中から一つを「選択する」ことを意味する「-거나」が続けて用いられると、「二つの
うちどちらでもいい」という意味を表す。一つの動作や事態に対する肯定・否定の選択は「-거나
말거나」の形で用いられる。

　보기　어려운 일이 생기거나 힘들거나 하면 저한테 말하세요.
　　　　困ったことが起きたり大変なときは、私に言ってください。

　　　　사람들이 믿거나 말거나 그는 범인이 아닌 게 확실하다.
　　　　人々が信じようが信じまいが、彼が犯人ではないのは確かだ。

　　　　그 사람이 오거나 말거나 나하고는 상관없는 일이에요.
　　　　その人が来ようが来まいが、私には関係のないことです。

2 −기에

➥ 動詞の語幹に付いて後行する節の判断基準を表す。よって「前の動作を判断基準としてみると～だ」という意味で用いられる。

보기 혼자서 먹기에는 많고, 둘이서 먹기에는 적은 양이에요.
一人で食べるには多いし、二人で食べるには少ない量です。

젊은 사람이 하기에도 힘든 운동인데 제가 어떻게 해요?
若い人がするにも大変な運動なのに、私がどうやってするんですか。

이 반찬은 오래 두고 먹기에 적당한 것 같아요.
このおかずは長く保存して食べるのにちょうどいいようです。

* 「알다, 듣다, 보다, 느끼다, 생각하다, 추측하다」など認知や知覚を表す動詞と結合すると「～だとわかる、～だと聞いた、～だと見る、～だと感じる、～だと思う、～だと推測する」という意味になる。

보기 제가 알기에 그 사람은 나쁜 말을 할 사람이 아닙니다.
私が知っているかぎりでは、その人は悪口を言う人ではありません。

외국인들이 느끼기에는 서울이 어떤 도시입니까?
外国人の感覚では、ソウルはどんな都市ですか。

제가 듣기엔 한국의 전통 악기 중에서 해금 소리가 제일 슬픈 것 같아요.
私が聞いたかぎりでは、韓国の伝統楽器の中でヘグムの音が一番悲しいと思います。

3 −에 한해서

➥ 「範囲を限定する」という意味の動詞「한하다」が「−에 한해서」の形で用いられ、「後行する節の内容に該当する範囲が前に来る名詞に限定される」ことを意味する。

보기 서울 강북 지역에 한해서 내일 수돗물이 나오지 않습니다.
ソウルの江北地域にかぎり、明日水道水が出ません。

구입한 지 1년이 안 된 상품에 한해서 무상으로 수리해 드립니다.
購入して1年経っていない商品にかぎり、無償で修理いたします。

중환자실은 보호자에 한해서만 면회가 됩니다.
集中治療室は保護者にかぎり、面会ができます。

1

보기

저는 시간이 있을 때는 책을 읽다
/ 음악을 듣다 / 합니다.

저는 시간이 있을 때는 책을 읽거나 음악
을 듣거나 합니다.

(1) 다른 제품으로 바꾸다 / 환불하다 / 하실 수 있습니다.

(2) 시험 볼 때 감독이 있다 / 없다 / 커닝을 하면 안 됩니다.

(3) 햇빛이 강하니까 외출할 때는 모자를 쓰다 / 선글라스를 끼다 / 하세요.

(4) 그 아이는 다른 사람이 보다 / 말다 / 자기 마음대로 행동해요.

2

보기

게시판에 써 붙이다
/ 이메일을 보내다 / 합니다.

가 : 회원들에게 공지사항을 어떻게 알립
니까?
나 : 게시판에 써 붙이거나 이메일을 보
내거나 합니다.

(1) 집에서 쉬다 / 놀러 가다 / 합니다.

주말에는 어떻게 지내세요?

(2) 맞아요. 상사가 있다 / 없다 / 하고 싶
은 말을 다 해요.

요즘 신입 사원들은 자기 생각을
잘 표현하는 것 같아요.

(3) 네, 약간 어지럽다 / 구토가 나다 / 할 수 있습니다.

이 약을 먹으면 부작용이 있습니까?

(4) 엔진에서 냄새가 나다 / 심한 소리가 나다 / 하면 문제가 있는 겁니다.

어떤 경우에 자동차 엔진에 문제가 있는 거예요?

3

보기

전화를 걸다 / 시간이 너무 이르네요.

전화를 걸기에는 시간이 너무 이르네요.

(1) 걸어서 가다 / 거리가 너무 멀어요.

(2) 두 사람이 살다 / 몇 평 정도가 적당할까요?

(3) 그 오븐은 가정용으로 사용하다 / 너무 커서 불편해요.

(4) 이 책은 초등학생이 읽다 / 한자가 많아서 어렵겠네요.

4

보기

제가 입다 / 좀 짧죠?

가 : 와, 미니스커트를 입으셨군요.
나 : 제가 입기에는 좀 짧죠?

(1) 외국 사람들이 먹다
/ 잡채가 좋을 것 같아요.

내일 외국 손님이 집에 오시는데
어떤 음식이 좋아요?

(2) 아이가 올라가다
/ 너무 높지 않을까요?

한라산을 제 아들과 같이 등산하려
고 하는데요.

(3) 유럽을 다 보다
/ 시간이 좀 부족하지 않을까요?

다음 휴가 때 열흘 정도 유럽 여행
을 할까 해요.

(4) 나이 드신 분들이 살다 / 공기가 맑은
시골이 더 좋으실 거예요.

우리 부모님이 정년퇴직 후 시골로
이사를 가셨어요.

5

12-06

보기

제가 보다 / 두 사람이 잘 어울리는데요.

제가 보기에는 두 사람이 잘 어울리는데
요.

(1) 제가 듣다 / 누군가 싸우는 소리 같아요.

(2) 제가 알다 / 그분 취미가 아주 다양하고 독특해요.

(3) 부모님들이 생각하시다 / 요즘 청소년 문제가 심각한 것 같대요.

(4) 외국 사람이 느끼다 / 이 곳 분위기가 좀 이상한가 봐요.

6

짐 무게가 30kg 이하인 경우
/ 추가 요금을 내지 않아도 됩니다.

짐 무게가 30kg 이하인 경우에 한해서 추가 요금을 내지 않아도 됩니다.

(1) 공무원과 그 가족 / 30% 할인 가격으로 판매합니다.

(2) 30명 이상 / 단체 할인이 됩니다.

(3) 65세 이상 노인 / 무료승차권을 드립니다.

(4) 우리 미용실에서는 평일 오전 / 요금을 10% 깎아 드립니다.

단어 単語　□감독 監督　□커닝 カンニング　□게시판 掲示板　□회원 会員　□공지사항 お知らせ　□약간 若干
□어지럽다 めまいがする　□구토 嘔吐　□부작용 副作用　□냄새 におい　□이르다 早い
□한라산 漢挐山(ハルラサン)　□맑다 澄んでいる　□정년퇴직 定年退職　□독특하다 独特だ
□무게 重さ　□이하 以下　□추가 요금 追加料金　□단체 団体　□승차권 乗車券

활동

한국의 속담

다음은 한국 사람들이 많이 사용하는 속담입니다. 빈칸에 들어갈 알맞은 말을 고르십시오. 그리고 속담의 의미를 찾으십시오.

次は韓国人がよく使うことわざです。空欄に入るのに適切な言葉を選んで、下の「속담의 의미」からことわざの意味を選んでください。

속담의 의미

㉮ 아무리 좋은 일이라도 배가 불러야 흥이 나지 배가 고프면 아무 일도 할 수 없음.

㉯ 기역자 모양으로 생긴 것을 보고도 기역자를 모름. 아주 무식함.

㉰ 가까이에 있는 물건이나 사람에 대해 오히려 잘 모름.

㉱ 아주 쉬운 일.

㉲ 평소에 흔하던 것도 막상 필요해서 찾으면 구하기 어려움.

㉳ 아무리 마음에 들어도 이용할 수 없거나 차지할 수 없음.

㉴ 아무리 재주가 뛰어나더라도 그보다 더 뛰어난 사람이 있음. 스스로 뽐내는

　사람을 경계하는 의미.

㉵ 아무리 익숙하고 잘하는 사람이라도 간혹 실수할 때가 있음.

㉶ 부부는 싸움을 하여도 화합하기 쉬움.

㉷ 아무것도 모르면 오히려 마음이 편하여 좋음.

1.

＿＿＿＿＿＿＿＿＿도 나무에서 떨어질 때가 있다.

① 강아지　　　　② 곰　　　　③ 원숭이　　　　④ 다람쥐

2.

＿＿＿＿＿＿＿＿＿도 식후경.

① 한강　　　　② 서울　　　　③ 남대문　　　　④ 금강산

3.

그림의 ＿＿＿＿＿＿＿.

① 떡　　　　② 나무　　　　③ 물감　　　　④ 과일

4.

＿＿＿＿＿＿＿＿ 먹기

① 따뜻한 국　　　　② 시원한 물　　　　③ 매운 김치　　　　④ 식은 죽

5.

＿＿＿＿＿＿＿도 약에 쓰려면 없다.

① 돌멩이　　　　② 개똥　　　　③ 빗물　　　　④ 흰 종이

6.

낫 놓고 ＿＿＿＿＿＿＿도 모른다.

① 기역자　　　　② 숫자　　　　③ 날짜　　　　④ 시간

7.

부부 싸움은 칼로 ＿＿＿＿＿＿＿ .

① 물 베기　　　　② 춤추기　　　　③ 땀 닦기　　　　④ 무 썰기

8.

모르는 게 ＿＿＿＿＿＿＿ 이다.

① 힘　　　　② 죄　　　　③ 약　　　　④ 밥

9.

＿＿＿＿＿＿＿ 밑이 어둡다.

① 눈　　　　② 발　　　　③ 천장　　　　④ 등잔

10.

뛰는 _____ 위에 나는 _____ 있다.

① 놈   ② 새   ③ 개   ④ 말

정답   1. ③, ㉂   2. ④, ㉮   3. ①, ㉣   4. ④, ㉤   5. ②, ㉡
6. ①, ㉯   7. ①, ㉧   8. ③, ㉦   9. ④, ㉠   10. ①, ㉃

운동    運動

달리기	던지기	받기

가슴 펴기	허리 돌리기	윗몸 일으키기

팔굽혀펴기	매달리기	줄넘기

우리나라가 1, 2인 가족 중심으로 변해 간대요

13-01

동　료 : 아침에 신문기사를 보니까 우리나라가 1, 2인 가족 중심으로 변해
　　　　 간대요. 평균 가족 수가 겨우 2명 정도밖에 안 된다는군요.

한 부장 : 그래요? 얼마 전까지는 4인 가족이 제일 많다고 들었는데.

동　료 : 제 주위에도 결혼하지 않고 혼자 살거나 결혼을 해도 아이 없이
　　　　 부부끼리만 사는 사람들이 많더라고요.

한 부장 : 맞아요. 요즘 젊은 사람들은 결혼이나 출산은 선택이지 누구나
　　　　 무조건 해야 하는 건 아니라고 생각하는 듯해요.

동　료 : 그렇게 되면 편하고 자유롭게 살 수는 있겠지만 여러 가지 문제가
　　　　 생길 것 같은데…….

한 부장 : 아이를 낳지 않으면 인구가 줄어들고 점점 더 개인주의적인
　　　　 사회가 되지 않을까요?

◉ 단어와 표현 単語と表現

- □ 중심 中心
- □ 출산 出産
- □ 무조건 無条件に
- □ 인구 人口
- □ 개인주의적 個人主義的

- □ 평균 平均
- □ 선택 選択
- □ 자유롭다 自由だ
- □ 줄어들다 減る

- □ 겨우 たった
- □ 누구나 誰でも
- □ 낳다 生む

同僚	:	朝、新聞記事を読んだら韓国が1、2人家族中心に変わっていくそうです。平均家族数がたった2人程にしかならないそうですね。
ハン部長	:	そうなんですか。いくらか前までは4人家族が一番多いと聞いたんですが。
同僚	:	私の周囲にも結婚せずに1人で住んだり、結婚をしても子どもがなく夫婦だけで暮らしたりする人が多いです。
ハン部長	:	そうですね。最近の若い人達は結婚や出産は選択であって、誰でも無条件にしなければならないものではないと考えている気がします。
同僚	:	そうなったら楽に自由に暮らすことはできるでしょうけど、色々な問題が起こると思うんですが……。
ハン部長	:	子どもを産まないと人口が減って、だんだんとさらに個人主義的な社会になるんじゃないでしょうか。

文法

1 -더라

→ 話者が経験したり起こったことを回想したりするとき用いられる語尾。疑問詞がある疑問文で用いられ、話者が過去に経験した事実を正確に思い出せず、思い出そうとするという意味になる。敬語表現では「-더라고요」の形になる。

보기 그 사람은 아무 말 없이 듣기만 하더라.　あの人は何も言わずに聞いているだけだったよ。

직장 생활이 생각처럼 쉽지가 않더라고요.
職場生活が思ったほど簡単ではありませんでした。

그 일이 있었던 게 언제더라?　あのことがあったのはいつだったかなあ。

2 -지

↳ 叙述語の語幹に付いて、先行する節の内容を「強調、断定」するために、それと相反したり比較される事実を後行する節に述べる連結語尾。

| 보기 | 고래는 동물이지 물고기가 아닙니다. くじらは動物であって魚ではありません。

그 사람은 성격만 좋지 일은 잘하지 못해요.
その人は性格だけいいのであって、仕事はあまりできません。

이번 일은 같이 했지 저 혼자서 계획한 게 아니잖아요?
今回のことは一緒にしたのであって、私が一人で計画したことではないでしょう？

3 -(으)ㄴ 듯하다

↳ 動詞と形容詞の連体形語尾「-(으)ㄴ/는/(으)ㄹ」と結合して、話者の「推測」を表す。「-(으)ㄴ 듯싶다」も同じ意味で用いられる。

| 보기 | 어디서 한 번 만난 듯한데 혹시 저를 모르시겠어요?
どこかで一度お会いしたように思うんですが、もしかして私をご存じありませんか。

친구가 내 눈치만 보는 걸 보니 나한테 숨기는 게 있는 듯싶어요.
友だちが私の顔色ばかり伺うのを見ると、私に何か隠していることがあるように思います。

부장님이 금방 폭발할 듯한 표정이니까 조심하세요.
部長が今にも爆発しそうな表情だから、気をつけてください。

1

정말 경치가 멋있다

가 : 제주도에 가 보니까 어때?
나 : 정말 경치가 멋있더라.

내가 그 서류를 어디에 뒀다

가 : 제가 어제 드린 서류 좀 빨리 주세요.
나 : 내가 그 서류를 어디에 뒀더라?

(1) 가르칠 게 별로 없을 정도로 꽤 잘하다

새로 온 학생은 실력이 어때요?

(2) 아니야, 이야기를 해 보니까 굉장히 재미있고 부드러운 사람이다

그 사람 인상이 날카로워 보이던데.

(3) 맞아. 지난번에도 보니까 다른 사람 말은 듣지 않다

영수 씨는 너무나 자기 뜻대로만 하려고 해.

(4) 아 참, 그런데 내가 어디까지 얘기했다

아까 하시던 얘기 계속 하시죠.

2

키만 크다 / 운동은 잘 못해요.

키만 크지 운동은 잘 못해요.

(1) 주말에만 복잡하다 / 평일에는 한산해요.

(2) 여기는 회사 사무실이다 / 집이 아니에요.

(3) 하나만 알다 / 둘은 몰라요.

(4) 주민 등록증만 필요하다 / 도장은 없어도 됩니다.

3

보기

좀 피곤해서 그렇다
/ 특별한 병이 있는 게 아니에요.

가 : 요즘 얼굴색이 안 좋은데 어디 아픈
거 아니에요?
나 : 좀 피곤해서 그렇지 특별한 병이 있
는 게 아니에요.

(1) 아니요, 비싸기만 하다
/ 질은 별로 좋지 않아요.

이건 수입품이니까 질이 좋겠죠?

(2) 아니요, 그냥 학교 후배이다
/ 특별한 관계는 아니에요.

자주 통화하는 것 같은데 사귀는 사
람이에요?

(3) 이 면허증은 국내에서만 되다
/ 외국에서는 쓸 수 없어요.

이 면허증으로 외국에서 운전할 수
있을까요?

(4) 저도 소문으로만 들었다 / 잘 몰라요.

그 소문에 대해서 잘 알면 이야기
해 주세요.

4

13-05

보기

이 텔레비전이 고장이 났다

이 텔레비전이 고장이 난 듯해요.

블라우스가 좀 작다 / 그래서 살까 말까 고민하고 있어요.

블라우스가 좀 작은 듯해서 살까 말까 고민하고 있어요.

(1) 영준이가 열심히 공부하려고 결심했다

(2) 은주 씨가 말은 안 하지만 무슨 걱정이 있다

(3) 내일 이 기사가 나가면 문제가 좀 생기겠다

(4) 환승하려면 시간이 걸리겠다 / 그러니까 조금 일찍 출발합시다.

5

13-06

보기

잘 모르겠지만 뭔가 배우러 다니다

가 : 홍식이는 밤마다 어딜 가는 거야?
나 : 잘 모르겠지만 뭔가 배우러 다니는 듯
해요.

(1) 열심히 치료를 받으셔서 많이 나으셨다

어머니 건강은 어떠세요?

(2) 환자 상태가 워낙 나빠서 수술 결과가
좋지 않았다

307호 환자 수술 결과가 어때요?

(3) 아니요, 물어보지는 않았지만 잘 돼 가
다

지난번에 선 본 사람과 잘 되고 있
는지 따님한테 물어 보셨어요?

(4) 분명히 무슨 일이 생겼다 / 그런데 말
을 안 하니 알 수가 없어요.

그렇게 수다스럽던 사람이 요즘은
왜 이렇게 조용하지?

단어 単語

□ 실력 実力   □ 날카롭다 鋭い   □ 뜻대로 思い通りに   □ 주민 등록증 住民登録証
□ 수입품 輸入品   □ 면허증 免許証   □ 소문 うわさ   □ 결심하다 決心する   □ 환승하다 乗り換える
□ (선) 보다 お見合いをする   □ 분명히 明らかに   □ 수다스럽다 おしゃべりだ

118

돌림자를 사용해요

강 부장 : 크리스 씨, 어서 와요.

크리스 : 안녕하세요? 이렇게 초대해 주셔서 감사합니다. 이거 별 거 아닌데…….

강 부장 : 그냥 와도 되는데 뭐 이런 것까지 사 왔어요? 참 우리 가족들 소개할게요. 이 사람은 우리 집사람이고요. 장남 영준이, 둘째 영인이, 막내 영서예요.

크리스 : 만나서 반갑습니다. 저는 크리스라고 합니다. 그런데 영준이, 영인이, 영서, 아이들 이름이 아주 비슷하네요.

강 부장 : 아! 한국에서는 이름을 지을 때 '돌림자'를 넣어 짓는데 우리 아이들은 '영'자 가 돌림자여서 그래요.

크리스 : 그렇군요. 이름 짓는 법까지 있는 줄은 몰랐어요. 그렇지 않아도 저도 한국 이 름 하나 지으려던 참이었는데 하나 지어 주시겠어요? 저도 '영'자를 돌림자로 쓰고 싶은데…….

강 부장 : 하하하. 아들이 하나 더 있으면 지어 주려고 했던 이름이 있기는 한데 , '영우' 어때요? 마음에 안 들어요?

크리스 : 마음에 안 들기는요. '영우, 영우' 발음하기도 쉽고 느낌도 좋은데요. 좋은 이 름 지어 주셔서 감사합니다.

1 강 부장님의 아이들 이름이 비슷한 이유는 무엇입니까?

2 여러분은 한국 이름이 있습니까? 한국 이름을 짓는다면 뭐라고 짓고 싶습니까?

3 여러분 나라에서는 이름을 지을 때 지키는 관습이나 방법이 있습니까?

단어 単語

□ **돌림자** 親戚間の同じ親等を表すために名前に用いられる共通の文字
□ **별** これといった　　　　　　　　□ **장남** 長男　　　　　　□ **막내** 末っ子
□ **느낌** 感じ

속담의 뜻으로 적당한 것을 골라 (   ) 안에 쓰십시오.
ことわざの意味として適当なものを選んで（   ）の中に書いてください。

1. 백지장도 맞들면 낫다.   (   )
2. 개구리 올챙이 적 생각 못 한다.   (   )
3. 낮말은 새가 듣고 밤말은 쥐가 듣는다. (   )
4. 남의 떡이 커 보인다.   (   )
5. 가는 말이 고와야 오는 말이 곱다.   (   )
6. 윗물이 맑아야 아랫물이 맑다.   (   )
7. 백 번 듣는 것보다 한 번 보는 것이 낫다. (   )
8. 하늘이 무너져도 솟아날 구멍이 있다. (   )

㉮ 소문이 나기 쉬우니까 말조심해야 한다.

㉯ 윗사람이 모범을 보여야 아랫사람도 본받아서 좋은 행동을 한다.

㉰ 지금은 잘하지만 과거에 못 했을 때를 기억 못 하고 자만한다.

㉱ 아무리 나쁜 상황이라도 희망은 있는 법이다.

㉲ 먼저 상대방에게 고운 말로 해야 상대방도 고운 말을 한다.

㉳ 모든 일은 서로 힘을 모아서 하면 훨씬 쉽게 할 수 있다.

㉴ 간접적으로 경험하는 것보다 직접 경험하는 것이 훨씬 효과적이다.

㉵ 무엇이든지 자기 것보다 남의 것이 더 좋아 보인다.

1. ㉳ 2. ㉰ 3. ㉮ 4. ㉵ 5. ㉲ 6. ㉯ 7. ㉴ 8. ㉱

아저씨는 어느 나라에서 오셨어요?

🔘 14-01

바 투 : 타잉 씨, 요리 솜씨도 좋아지시고 한국말도 이제 잘 하시네요.

타 잉 : 잘하기는요. 제대로 하려면 아직 멀었어요.

바 투 : 아이들이 그 사이에 많이 컸네요. 한국말도 잘하고 얼굴도 귀엽고
마치 인형같이 예뻐요.
그런데 베트남 말이나 문화는 안 가르치시나요?

타 잉 : 아이들에게 기본적인 것이라도 가르치려고 하는데 잘 안 돼요.
아이들 키우는 게 보람이 있으면서도 어려운 일인 것 같아요.

바 투 : 문화가 달라서 힘들었을 텐데 남편과 생각은 잘 맞았어요?

타 잉 : 웬걸요. 생각이 달라서 싸운 적도 많았는걸요. 그렇지만 문화가
다르기 때문에 좋은 점도 있어요.

* '타잉 씨'는 베트남 출신의 주부로 한국 남자와 결혼해서 두 아이를 낳고 한국에서 살아가고 있다.

● 단어와 표현 単語と表現

□ **솜씨** 腕前　　　　□ **마치** まるで　　　　□ **기본적** 基本的
□ **키우다** 育てる　　　□ **보람** やりがい　　　□ **싸우다** けんかする

バトゥ：　タインさん、料理の腕前も上がって韓国語ももう上手になられましたね。

タイン：　上手だなんて。ちゃんと話すにはまだまだです。

バトゥ：　子どもたちがこの間でとても大きくなりましたね。韓国語も上手だし、顔も
　　　　　かわいいし、まるで人形みたいにきれいです。ところで、ベトナム語や文化
　　　　　は教えていらっしゃらないんですか。

タイン：　子どもたちに基本的なことでも教えようと思うんですが、うまくいきません
　　　　　ね。子どもたちを育てるのは、やりがいがありながらも難しいことだと思い
　　　　　ます。

バトゥ：　文化が違うので大変だったでしょうに、ご主人とは考えがちゃんと合いまし
　　　　　たか。

タイン：　何をおっしゃいます。考えが違ってけんかすることも多かったんですよ。で
　　　　　も文化が違うからいい点もありますよ。

＊「タインさん」はベトナム出身の女性で、韓国人男性と結婚して2人の子どもを産み、韓国
　で暮らしている。

文法

1　-(으)려면 멀었다

↪　「멀었다」は「残っている」ことを意味する。主に「-(으)려면」の後ろに使われ、ある状況や動作
　　が完了するまで、または、ある程度に到達するまでには「時間がたくさんかかる」という意味や、
　　「その水準にまだ到底及ばない」という意味を表す。

보기　크리스마스까지는 멀었는데 벌써 무슨 준비를 해요?
　　　　クリスマスまではまだ時間があるのに、もう何か準備をするんですか。

　　　　초보 운전인데 운전에 익숙해지려면 아직도 멀었습니다.
　　　　運転初心者なんですが、運転に慣れるにはまだ時間がかかると思います。

　　　　저는 20살이 넘었지만 부모님 마음을 이해하려면 아직 먼 것 같습니다.
　　　　私は20歳を過ぎましたが、両親の気持ちを理解するにはまだ時間がかかりそうです。

2 -(으)면서도

➥ 叙述語の語幹に付いて、「対立関係と考えられる事実や動作、状態が共存している」ことを表す。先行する節と後行する節の主語は同じでなければならない。また、助詞「-도」は省略することができる。

> 보기　졸업하려니까 시원하면서 한편으로는 섭섭해요.
> 卒業すると思ったら、せいせいしながらも、一方では寂しいです。
>
> 별로 잘하는 것도 없으면서 잘난 척합니다.
> 大してできることもないくせに、偉そうです。
>
> 지난 시간에 배웠으면서도 처음이라고 말한다.
> 前の時間に習ったのに、初めてだと言う。

3 -(으)ㄴ걸요

➥ 形容詞の語幹に付いて、相手が既に述べた事実に対し「話者の考えや状況はそうではない」ことを表す。話者が自身の考えや感じたことを、軽く主張したり反対する場合に主に用いられる。叙述語が動詞の場合は「-는걸요」、過去の場合は「-았/었는걸요」が用いられる。

> 보기　가 : 운전을 잘하시는군요.　運転がお上手ですね。
> 나 : 아직 초보 운전인걸요.　まだ初心者なんですよ。
>
> 가 : 옷이 아주 좋아 보여요.　服がとてもいい物のようですね。
> 나 : 시장에서 샀는걸요.　市場で買ったんですよ。
>
> 가 : 엄마가 키가 크니까 아이들도 크겠네요.
> 　　お母さんが背が高いから、お子さんたちも高いんでしょうね。
> 나 : 딸애는 별로 크지 않은걸요.　娘はあまり高くないんですよ。

1

보기

페인트칠이 다 마르다

페인트칠이 다 마르려면 아직 멀었어요.

(1) 한국 사람처럼 한국말을 잘하다

(2) 그동안 밀린 집안일을 끝내다

(3) 소설을 1권부터 10권까지 다 읽다

(4) 그 아이가 사회생활이 얼마나 어려운 것인지 알다

2

보기

그 많은 태권도 기술을 다 익히다

가 : 태권도 배운 지 몇 달 됐으니까 이제 잘하시죠?

나 : 그 많은 태권도 기술을 다 익히려면 아직 멀었어요.

(1) 끝나기는요. 다 정리하다

서류 정리는 대충 끝났습니까?

(2) 엊그제 시작했으니까 완성되다

지금 하고 계신 작품이 완성되는 것을 빨리 보고 싶은데요.

(3) 오늘 저녁은 삼계탕인데 다 되다

여보, 좋은 냄새가 나는데 저녁 다 됐어요?

(4) 사과가 빨갛게 익다

언제쯤 사과가 빨개지죠?

3

보기

크다 / 무겁지 않은 가방을 사고 싶은데요.

크면서도 무겁지 않은 가방을 사고 싶은데요.

(1) 그 사람은 똑똑하다 / 가끔 바보같이 행동해요.

(2) 알다 / 모른다고 말했어요.

(3) 그 사람이 나를 봤다 / 인사하지 않았어요.

(4) 조 과장님은 별로 말을 하지 않다 / 아랫사람에게 일을 잘 시켜요.

4

보기

이건 새 모델이다
/ 가격은 저렴하니까 한번 보세요.

가 : 에어컨을 사려고 하는데 새 모델은 비싸지요?

나 : 이건 새 모델이면서도 가격은 저렴하니까 한번 보세요.

(1) 좋다 / 부담스러워요.

승진하셔서 좋으시겠어요.

(2) 돈이 없다
/ 언제나 한턱내겠다고 큰소리쳐유.

저 사람 오늘 돈이 없을 텐데 술을
사겠다고 하네요.

(3) 생각 날 것 같다 / 생각이 안 나네요.

지난번에 본 영화 주인공 이름이
뭐지요?

(4) 미안해요. 들었다 / 잊어버렸어요.

오늘 약속에 대해서 못 들으셨어요?

5

14-06

보기

제 입에는 맞다

가 : 이 김치가 좀 짜지 않아요?
나 : 제 입에는 맞는걸요.

(1) 거기는 집값이 비싸다

회사 근처로 집을 옮기는 게 어때요?

(2) 파리만 날리다

요즘 장사는 잘 되시죠?

(3) 이제 병이 다 나았다

아프다고 들었는데 좀 어떠세요?

(4) 아직 시작도 하지 않았다

그 일을 다 끝내셨어요?

단어 単語   □칠 塗料 □밀리다 (仕事などが) 溜まる □사회생활 社会生活 □익히다 習得する
□엊그제 数日前 □완성되다 完成する □작품 作品 □익다 熟す □저렴하다 手ごろだ
□부담스럽다 重荷に感じる □한턱내다 おごる □큰소리치다 大きな口をたたく
□짜다 味が濃い、塩辛い □파리(를) 날리다 閑古鳥が鳴く（慣用表現）

1 듣고 내용과 맞지 <u>않는</u> 그림을 고르십시오.   14-07

音声を聞いて内容と合わない絵を選びなさい。

①

②

③

④

2 듣고 무엇에 대한 내용인지 맞는 것을 고르십시오. 14-08

音声を聞いて何についての内容か、合うものを選びなさい。

(1)

　① 아이를 맡기지 못하는 이유

　② 직장 생활이 힘든 이유

　③ 아이를 낳지 않으려는 이유

　④ 직장을 그만두어야 하는 이유

(2)

　① 결혼의 단점

　② 독신의 증가

　③ 인생의 즐거움

　④ 여성 직장인의 감소

3 듣고 질문에 대답하십시오. 14-09

音声を聞いて質問に答えなさい。

(1) 내용과 맞는 것을 고르십시오.

　① 이 가족은 부산에 살다가 최근에 서울로 이사했다.

　② 남편은 서울에서 다른 가족은 부산에서 살고 있다

　③ 아내의 건강이 요즘 나빠진 듯하다.

　④ 아내는 현재 직장에 다니고 있다.

(2) 아내는 요즘 어떤 생각을 하고 있습니까?

　① 가족은 모여서 같이 살아야 한다.

　② 어렵더라도 주말 부부를 해야 한다.

　③ 주말 부부 생활이 익숙해지려면 아직 멀었다.

　④ 아이 학교 문제 때문에 이사는 무리이다.

제15과 요즘 연상연하 커플이 얼마나 많은데요

15-01

혜 정 : 남자 친구가 결혼하자고 하는데 아직껏 부모님께 말씀을 못
드렸어요. 제 마음도 완전히 결정하지 못했고요.

다니엘 : 왜요? 혜정 씨 남자 친구처럼 성격도 좋고 괜찮은 신랑감도 없을
것 같은데…….

혜 정 : 제 남자 친구가 저보다 5살 연하잖아요. 청혼을 받으니까
좋으면서도 걱정이 앞서요.

다니엘 : 저는 그렇게까지 나이 차이가 많이 나는 줄 몰랐어요. 그래도 그런
것 때문에 헤어진다면 후회하게 되지 않을까요?

혜 정 : 결혼은 연애하고는 다르지 않아요? 결혼을 생각하니까 온갖
일들이 다 걱정이 돼요.

다니엘 : 혜정 씨 같은 사람이 그런 생각을 한다니 뜻밖인데요. 요즘 연상
연하 커플이 얼마나 많은데요. 다 마음먹기에 달린 거예요.

◉ **단어와 표현** 単語と表現

- □ **아직껏** いまだに
- □ **앞서다** 先立つ
- □ **온갖** あらゆる

- □ **신랑감** 新郎候補
- □ **차이** 差
- □ **연상연하 커플** 年の差カップル

- □ **청혼** プロポーズ
- □ **후회하다** 後悔する
- □ **마음먹다** 心を決める

ヘジョン ： 彼氏が結婚しようと言うんですが、いまだに両親に話ができていないんです。私の気持ちも完全に決められていませんし。

ダニエル ： どうしてですか。ヘジョンさんの彼氏のように性格もよくて、いい新郎候補はいないと思いますが……。

ヘジョン ： 私の彼氏が私よりも5歳年下でしょう。プロポーズをされて、うれしいけれど心配が先立ちます。

ダニエル ： 私はそこまで年の差があるなんて知りませんでした。でも、そういうことのせいで別れたら、後悔することになるんじゃないですか。

ヘジョン ： 結婚は恋愛とは違いませんか。結婚を考えたらあらゆることが心配になります。

ダニエル ： ヘジョンさんのような人がそんな風に考えるだなんて意外ですね。最近年の差カップルがどれほど多いか。すべては心の持ち方にかかっているんですよ。

 문법 文法

1 -다니

➡ 間接話法「-다고 하다」（『中級 1』第2課文法参照）と理由を表す連結語尾「-(으)니까」（『初級 2』5課文法参照）が結合した「-다고 하니까」の縮約形。話者が驚いたり、意外な事実を聞き、それを繰り返して言うとき主に用いられる。後行する節には主にその事実に対する感情や判断を表す言葉が来る。また通常「까」が省略される。引用文の形によって「-(이)라니, -(느)ㄴ다니, -자니」など、間接話法の様々な形を用いることができる。

> **보기** 수잔 씨가 4개 국어를 한다니 부럽군요.
> スーザンさんが４ヶ国語を話せるだなんて、うらやましいです。
>
> 그 멋진 남자가 만나자니 꿈만 같아요.　あの素敵な男性が会おうだなんて、夢のようです。
>
> 내일까지 이 일을 끝마치라니 너무합니다.
> 明日までにこの仕事を終わらせろだなんて、ひどいです。

2 -에 달려 있다

→ 「ある事に依存したり影響を受ける」ことを意味する。

보기　일의 성패는 네 손에 달려 있다.　仕事の成敗は私の手にかかっている。

　　　　성공은 노력 여하에 달려 있다.　成功は努力の如何にかかっている。

　　　　모든 것은 생각하기에 달려 있다.　すべてのことは考え方にかかっている。

類型練習

1

보기

이 아기 / 귀여운 애는 처음 봤어요.

이 아기**처럼** 귀여운 애는 처음 봤어요.

(1)　최근에 오늘 / 맑은 날은 없었던 것 같아요.

(2)　김창민 씨 / 저를 진심으로 걱정해 주고 도와준 사람은 없었어요.

(3)　한국 사람들 / 다른 사람에게 관심이 많은 사람들은 없을 거예요.

(4)　스마트폰 / 편리한 게 있을까요?

2

15-03

> 그날 / 배 터지게 잘 믹은 직은 입있을 거예요.

가 : 한국 친구 집에 가서 대접 잘 받았어요?
나 : 그날처럼 배 터지게 잘 먹은 적은 없었을 거예요.

(1) 제 방 / 편안하고 아늑한 곳은 없어요.

스티브 씨는 하루 종일 방에만 있네요.

(2) 그 영화 / 무서운 영화는 처음이에요.

어제 본 영화 어땠어요?

(3) 저 애 / 깜찍하고 연기도 잘하는 아역 배우는 없는 것 같아요.

저 아역 배우 연기 참 잘하죠?

(4) 인류에게 환경문제 / 중요한 문제는 없다는 생각이 들어요.

저 다큐멘터리를 보니까 환경문제가 정말 심각한 것 같네요.

3

15-04

> 이게 300만 원짜리이다 / 정말이에요?

이게 300만 원짜리라니 정말이에요?

(1) | 신입 사원들이 모두 똑똑하다 / 벌써 기대가 됩니다.

(2) | 그렇게 여러 가지 일을 해야 하다 / 힘들겠네요.

(3) | 그 환자가 회복됐다 / 다행입니다.

(4) | 그 사람이 나를 믿지 못하다 / 유감스럽네요.

4

15-05

보기

집이 그렇게 크다 / 부럽군요.

가 : 한지영 씨 집에 가 봤는데 집이 100
평쯤 될 거예요.
나 : 집이 그렇게 크다니 부럽군요.

(1) 건강하던 분이 간암이다
/ 믿을 수가 없어요.

인사부 임 부장님이 간암에 걸리셨
대요.

(2) 한국을 떠나시다 / 섭섭하네요.

다음 달에 일본으로 돌아가게 됐어요.

(3) 승진하셨다 / 축하합니다.

제가 이번에 부장으로 승진했어요.

(4) 그렇게 비가 오지 않다 / 걱정이네요.

요즘 남부 지방에는 한 달 이상
비가 오지 않는대요.

5

보기

해외 영업부

이제 우리 회사의 운명은 해외 영업부

가 : 우리가 이렇게 큰일을 맡게 되니까 어깨가 무거운데요.
나 : 이제 우리 회사의 운명은 해외 영업부에 달려 있습니다.

(1) 두 팀이 실력이 비슷하니까 승부는 선수들의 정신력

이번 경기에서 가장 중요한 변수는 뭐라고 생각하십니까?

(2) 질서를 지키고 안 지키고는 시민들의 의식

교통질서를 바로잡기 위해서 어떻게 해야 할까요?

(3) 수술 여부는 환자 상태
/ 그런데 지금은 상태가 나빠서 뭐라고 말씀드리기가 어렵습니다.

언제쯤 수술이 가능할까요?

(4) 무슨 일이든지 마음먹기
/ 그러니까 비관적으로만 생각하지 마.

너무 힘들어서 다 그만두고 싶어.

단어 単語

□ 대접 もてなし □ 아늑하다 こぢんまりしている □ 깜찍하다 かわいらしい □ 아역 배우 子役俳優

□ 인류 人類 □ 유감스럽다 遺憾だ □ 부럽다 うらやましい □ 간암 肝臓がん □ 인사부 人事部

□ 운명 運命 □ 영업부 営業部 □ (어깨가) 무겁다 （肩が）重い □ 승부 勝負 □ 정신력 精神力

□ 변수 変数 □ 질서 秩序 □ 시민 市民 □ 의식 意識 □ 바로잡다 立て直す □ 여부 可否

□ 비관적 悲観的

재미로 하는 심리 테스트

Ⅰ. 다음 상자 안에 연상되는 그림을 그리십시오.

つぎの四角の中に連想される絵を描いてください。

① 　　　　　　　　　　②

③ 　　　　　　　　　　④

⑤ 　　　　　　　　　　⑥

Ⅱ. 질문에 대답하십시오.

質問に答えてください。

(1) 배를 타고 가다가 작은 섬에 도착했는데 거기에서 집 한 채를 발견합니다. 그 쪽으로 가다 혹시 집에 사람이 있을지도 몰라서 꽃을 가져 가려는데 옆에 장미꽃이 피어 있습니다.

　① 한 송이만 가져 가시겠습니까?
　② 꽃다발을 만들어 가겠습니까?

(2) 집에 들어가려는데 문이 있습니다.

　　① 밀어서 여는 문입니까?
　　② 잡아당겨서 여는 문입니까?

(3) 집에 들어갔는데 사람이 없습니다. 2층집이었는데
　　2층에 올라가려니까 옆에 열쇠가 있습니다.

　　① 열쇠를 가지고 가시겠습니까?
　　② 놔두고 가시겠습니까?

(4) 2층에 큰 방이 있는데 방에 창문이 있고 TV, 침대, 책상이 있습
　　니다. 창문, 텔레비전, 침대, 책상 4가지를 만져본다면 어떤 순서로
　　만져 보시겠습니까?

(5) 창문에 가서 밖을 보았는데 어떤 사람이 이쪽으로 걸어오고 있습
　　니다. 그 사람은 남자일까요? 여자일까요? 그리고 나이는 몇 살쯤
　　일 것 같습니까?

 Ⅰ. ① 자기가 생각하는 자신의 모습
　　　② 다른 사람이 생각하는 자신의 모습
　　　③ 인생에 대한 것　　　　　　　　　　④ 영혼에 대한 것
　　　⑤ 가족에 대한 생각　　　　　　　　　⑥ 자신의 애정관

Ⅱ. (1) ① 한 사람만 사랑합니다.　　　　　② 당신은 조금 바람둥이입니다.
　　(2) ① 사랑이 넘쳐 나눠주고 싶은 사람입니다.　② 사랑에 목말라 있는 사람입니다.
　　(3) ① 무슨 일이 있어도 약속을 잘 지키는 사람입니다.　② 약속을 잘 지키지 않는 사람입니다.
　　(4) 창문(사랑), 텔레비전(외모), 침대(경제력), 책상(학력)
　　(5) 자신의 정신 연령을 말합니다.

제16과 어버이날인데 선물 준비하셨어요?

🔘 16-01

이 대리 : 다음 주가 어버이날인데 선물 준비하셨어요?

혜 정 : 선물로 뭘 살까 생각하다가 어머니 모시고 여행가기로 했어요.
아버지가 돌아가신 후로는 어머니가 아닌 척하셔도 많이
외로워하세요. 이 대리님은요?

이 대리 : 저는 해외 출장으로 당분간 찾아뵙기가 어려워서 이번엔 작은
선물을 보내 드리려고요. 그런데 뭘 사면 좋을지 모르겠어요.

혜 정 : 괜히 고민하지 말고 필요하신 거 알아서 사시게 상품권 같은 것
보내 드리는 건 어때요?

이 대리 : 그건 왠지 정성이 없어 보이는 것 같고, 아무거나 보낼 수도 없고…….

혜 정 : 저는 이 대리님이 부럽네요. 부모님이 다 살아 계셔서. 살아 계실 때
잘해 드리세요.

단어와 표현 単語と表現

- □ 어버이날 父母の日
- □ 당분간 当分の間
- □ 상품권 商品券
- □ 모시다 お連れする
- □ 찾아뵙다 会いに伺う
- □ 정성 誠意
- □ 외롭다 寂しい
- □ 괜히 やたらと
- □ 부럽다 うらやましい

イ代理 ： 来週は父母の日ですが、プレゼントは準備なさいましたか。

ヘジョン ： プレゼントに何を買うか考えていたんですが、母を連れて旅行に行くことにしました。父が亡くなってから、母はなんでもないふりをしていても、とても寂しがっているんです。イ代理は？

イ代理 ： 私は海外出張で当分会いに行くのが難しいので、今回は小さなプレゼントを贈ろうと思っています。でも何を買ったらいいかわかりません。

ヘジョン ： やたらに悩まずに、必要なものを好きに買うように商品券のようなものを送って差し上げるのはどうですか。

イ代理 ： それは何か誠意がないように見えそうだし、なんでもかんでも送るわけにもいかないし……。

ヘジョン ： 私はイ代理がうらやましいですね。ご両親が二人とも生きていらっしゃって。生きていらっしゃる間によくして差し上げてください。

 문법

 文法

1 -(으)ㄴ 척하다

→ 「うその態度」を意味する不完全動詞「척하다」が動詞と形容詞の連体形語尾「-(으)ㄴ/는」の後に用いられると、主語が「事実と違い表面だけ取りつくろううその態度や行動をする」ことを表す。「척하다」の代わりに「체하다」も同じ意味で用いられる。

보기   그 사람은 다른 사람들 앞에서 언제나 똑똑한 척해요.
　　　その人は他の人の前でいつも賢いふりをします。

　　　잘 모르면 아는 체하지 말고 언제든지 물어 보세요.
　　　よくわからなければわかるふりをせずに、いつでも聞いてください。

　　　텔레비전을 볼 때 엄마가 심부름 시키는 소리를 듣고도 못 들은 척했어요.
　　　テレビを見るとき、お母さんがお使いを頼む声を聞いても聞こえないふりをしました。

2 –(으)로

↳ 「原因や理由」を表す助詞。主に事故、病気、問題などの原因と一緒に用いられる。

보기　내일은 북태평양 고기압의 영향으로 전국이 맑겠습니다.
明日は北太平洋の高気圧の影響で全国が晴れるでしょう。

그 병으로 죽는 사람보다 사고나 전쟁으로 죽는 사람이 더 많다고 해요.
病気で死ぬ人より事故や戦争で死ぬ人のほうが多いそうです。

한 군인의 실수로 전쟁이 시작되었습니다.　一人の軍人の失敗で戦争が始まりました。

3 아무 –(이)나

↳ 不特定な一つを意味する連体詞「아무」（『中級2』6課文法参照）と、選ばれたすべての場合を意味する「–(이)나」が一緒に用いられ、「どんな物、どんな場合でもかまわない」ことを意味する。「–(이)나」の前に他の助詞が一緒に用いられるときもある。また、名詞が人の場合は、「아무나」、「아무한테나」などの形で用いられる。

보기　저는 시간이 많으니까 아무 때나 놀러 오셔도 돼요.
私は時間があるからいつ遊びにいらしてもいいです。

그 사람은 아무 데서나 노래를 불러요.　その人はどこででも歌を歌います。

자기보다 어려도 아무한테나 반말을 쓰면 안 돼요.
自分より幼くても、誰にでもため口をきいてはいけません。

1

보기

그 사람은 부자가 아닌데도 부자이다 / 해요.

그 사람은 부자가 아닌데도 부자인 **척해요.**

어렸을 때 학교에 가기 싫어서 아프다 / 했어요.

어렸을 때 학교에 가기 싫어서 아픈 **척했어요.**

(1) 석진 씨는 사람들하고 이야기할 때 어려운 단어를 쓰면서 유식하다 / 해요.

(2) 수철 씨는 언제나 여자들 앞에서 결혼하지 않았다 / 해요.

(3) 어제 아내가 만든 음식이 맛이 없는데 맛있다 / 했어요.

(4) 7살 때 산타클로스가 가짜라는 걸 알았지만 모르다 / 했어요.

2

보기

아니요, 무서워서 자다 / 했어요.

가 : 어제 도둑이 들어온 걸 몰랐어요?
나 : 아니요, 무서워서 자는 **척했어요.**

(1) 아니에요. 사장님 앞에서만 열심히 하다 / 해요.

최 과장님은 정말 성실한 분 같아요.

(2) 남자 친구가 있다 / 하면 돼요.

마음에 안 드는 사람이 만나자고 하면 어떻게 해요?

(3) 귀찮아서 바쁘다 / 했어요.

친구 부탁을 왜 안 들어 주셨어요?

(4) 사람들이 보고 있어서 아프지 않다 / 했어요.

아까 넘어졌을 때 아프지 않았어요?

3

보기

전기히터의 과열 / 불이 난 것 같습니다.

가 : 이번 화재의 원인이 뭔가요?
나 : 전기히터의 과열로 불이 난 것 같습니다.

(1) 지난번 가뭄
/ 남부 지방은 피해가 많습니다.

올해의 추수 상황은 어떻습니까?

(2) 성격 차이 / 이혼을 하게 됐대요.

윤소미 씨는 왜 이혼을 한 거예요?

(3) 기름값 인상
/ 아마 다른 물가도 인상될 겁니다.

금년 안에 다시 물가가 오를까요?

(4) 네, 과로 / 그렇게 되셨다고 해요.

인사부의 정 과장님이 쓰러지셨다는 소식 들었어요?

4

보기

아직 병이 낫지 않았으니까
/ 음식 / 먹으면 안 됩니다.

아직 병이 낫지 않았으니까
아무 음식이나 먹으면 안 됩니다.

(1) | 저는 괜찮으니까 / 때 / 편한 시간에 오세요.

(2) | 어른들 앞에서는 / 말 / 하면 안 돼요.

(3) | 먼 데 가지 말고 이 근처에서 / 데 / 갑시다.

(4) | 볼펜이 없으면 / 것으로 / 쓰세요.

5

16-06

보기

미숙 씨는 얼굴이 예뻐서
/ 색 / 잘 어울려요.

가 : 둘 중에서 어느 색 옷이 더 잘 어울리
는 것 같아요?
나 : 미숙 씨는 얼굴이 예뻐서 **아무** 색이
나 잘 어울려요.

(1) 장미가 없으면 / 꽃 / 사 오세요.

장미가 없는데 어떻게 하죠?

(2) 쉬운 걸로 / 노래 / 해 보세요.

저는 한국 노래는 잘 모르는데…….

(3) 면접시험 보러 가는데 / 옷
/ 입고 갈 수는 없잖아요.

새로 산 옷인가 봐요.

(4) 첫아이인데 / 이름
/ 지을 수 없어서 고민하고 있어요.

아이가 태어난 지 3주일이 되었는데,
아직도 이름을 안 지었어요?

단어 単語   □ 유식하다 学識がある   □ 귀찮다 面倒くさい   □ 과열 過熱   □ 가뭄 干ばつ   □ 추수 収穫
□ 첫아이 初めての子ども

남편의 휴대 전화 속 당신 이름은?

테니스장 탈의실에서 옷을 갈아입는데 마흔 중반의 후배가 두고 간 휴대 전화가 삐리리 울린다. 슬쩍 화면을 보니, '우리 자기'라고 찍혀 있다. 그걸 보고 웃고 있는데 마침 후배가 와서 나는 "아직도 신혼이구나. 우리 자기가 뭐냐, 크흐흐흐." 하고 놀렸다. 그러자 후배가 발끈하며 물었다. "자기한테 자기라고 하지 뭐라고 해요? 그럼 형님은 휴대 전화에 형수님을 뭐라고 저장해 놨는데요?" "나? 집사람이지, 뭐."라고 말하고 나니 왠지 내가 더 바보가 된 것 같은 기분이 들었다.

그렇다면 다른 사람들은 배우자나 연인을 뭐라고 부를까? 갑자기 궁금증이 생겨 트위터를 통해 설문조사를 해 봤다. 결과는 딱 두 파로 나뉘었다. 아내의 이름을 '집, 집사람, ○○ 엄마, 김○○(실제 이름), 마누라' 등으로 쓴다는 나와 비슷한 부류가 거의 절반. '나의 여신님, 중전 마마, 소울 메이트' 등으로 쓴다는 사람이 나머지 반이었다. 반면 여자들은 대부분 연애할 때처럼 남편의 애칭이 휴대 전화에 저장돼 있었다.

연애 시절에는 사랑에 눈이 멀어 온갖 낯간지러운 짓을 다 한다. 그런데 중년이 넘어서까지 이런 짓을 하는 부부들이 있다니……. 그렇다면 나도 아내의 이름을 인기 여가수 이름으로 할까 어쩔까 고민하다가, 테니스 모임 친구들에게 아이디어 하나씩 말해 보라고 하니까 '우리 자기'가 하는 말. "형, 뭘 그런 걸 고민해요? 그런 건 마누라들이 알아서 입력해 놓는 거 아냐? 나는 휴대 전화에 이름을 어떻게 바꾸는지도 몰라요." 흴! 그런 거였어?

1 이 사람이 휴대 전화 속 배우자의 호칭을 설문 조사했는데 결과가 어떻게 나왔나요?

2 남편의 휴대 전화 속의 낯간지러운 애칭은 어떻게 결정되고 저장된 건가요?

3 여러분의 휴대 전화 속에 특별한 이름으로 저장돼 있는 사람이 있나요?

단어 単語

□ 탈의실 脱衣室	□ 중반 半ば	□ 울리다 鳴る
□ 슬쩍 こっそりと、ちらっと	□ 화면 画面	□ 놀리다 ばかにする
□ 발끈하다 かっとする	□ 형수 兄の嫁	□ 배우자 配偶者
□ 딱 ぴったり	□ −파 ～派	□ 마누라 嫁
□ 부류 部類	□ 절반 半分	□ 여신 女神
□ 중전 마마 王妃殿下	□ 나머지 残り	□ 대부분 大部分
□ 애칭 愛称	□ (눈이) 멀다 盲目になる	□ 낯간지럽다 照れくさい
□ 짓 （否定的な意味の）こと	□ 중년 中年	□ 입력하다 入力する
□ 헐 えぇ！（あきれたりくだらないという事を表す感嘆詞、俗語）		

제 17 과　옛날 같으면 같이 밤을 새워 주곤 했는데

🔵 17-01

수　지 : 어젯밤에 친구 아버지가 갑자기 돌아가셨다는 소식을 듣고
　　　　장례식장에 다녀왔어요.

이 대리 : 그러셨군요. 미국하고는 장례식장 분위기가 많이 다른가요?

수　지 : 글쎄요. 우리나라에서는 보통 밤에 문상을 가지 않는데
　　　　한국에서는 밤인데도 뜻밖에 손님이 많았어요.

이 대리 : 옛날 같으면 같이 밤을 새워 주곤 했는데 요즘은 그렇게까지
　　　　하지는 않는 것 같아요.

수　지 : 그런데 무슨 말로 위로해야 할지 몰라서 그냥 가만히 있었어요.
　　　　실수한 게 아닌지 모르겠어요.

이 대리 : 아니에요. 마음은 있으나 말로 표현하기 힘들 때가 있어요. 그럴
　　　　때는 그냥 절을 하거나 조용히 고개 숙여 인사만 해도 돼요.

◉ **단어와 표현** 単語と表現

□ **소식** 知らせ   □ **장례식장** 葬儀場   □ **문상** 弔問
□ **뜻밖에** 意外に   □ **밤을 새우다** 徹夜する   □ **위로하다** 慰める
□ **가만히** じっと   □ **실수하다** 失敗をする   □ **절을 하다** 礼をする
□ **고개 숙이다** 頭を下げる

スージー ： 昨夜友だちのお父さんが急に亡くなったという知らせを聞いて、葬儀場に
　　　　　　行ってきました。

イ代理　 ： そうだったんですか。アメリカとは葬儀場の雰囲気がかなり違うんです
　　　　　　か。

スージー ： そうですねえ。私の国では普通、夜に弔問に行かないんですが、韓国では
　　　　　　夜でも意外とお客さんが多かったです。

イ代理　 ： 昔なら一緒に徹夜してあげたりもしたんですが、最近はそこまでしないよ
　　　　　　うです。

スージー ： でもどんな言葉で慰めていいかわからず、ただじっとしていました。失敗
　　　　　　したかもしれません。

イ代理　 ： いいえ。気持ちはあるけれど、言葉に表現するのが大変なときがあります
　　　　　　よ。そういうときは、ただ礼をしたり、静かに頭を下げて挨拶だけしても
　　　　　　いいんですよ。

문법

文法

1 ‐ 같으면

➡ 名詞のあとに付いて、その名詞だと仮定して言う場合に用いられる。「-(이)라면」（『中級1』第9
　課文法参照）が漠然とした仮定や想像に対しても広く用いられるのに比べ、「같으면」は、実際に
　起きた状況から、立場や状況を変えて言う場合に主に用いられる。

　보기　주말 같으면 거기까지 한 시간쯤 걸릴 거예요.
　　　　　週末なら、そこまで1時間くらいかかると思います。

　　　　　그런 일은 우리나라 같으면 상상도 할 수 없는 이야기예요.
　　　　　そんなことは私の国なら想像もできない話です。

　　　　　제 자식 같으면 야단을 쳤을 텐데 남의 자식을 어쩌겠어요?
　　　　　私の子どもならしかっていたでしょうが、他人の子どもに何かできるでしょうか。

2 -(으)ㄴ지 모르겠다

➥ 疑問文を名詞節にする語尾「-(으)ㄴ지/는지/었는지/(으)ㄹ지」（『中級1』第4課文法参照）と「모르겠다」が連結した形。話者の望みや憂慮を表すが、前の叙述語は話者が望む状態を表す言葉が主に用いられる。

보기 재영이가 전학 간 학교에서 적응을 잘하고 있는지 모르겠네요.
ジェヨンが転校していった学校でちゃんとなじんでいるかわかりませんね。

어제 운동회 때 애들이 무리했는데 병이 나지 않았는지 모르겠어요.
昨日の運動会のとき、子どもたちが無理していたんですが、病気になっていないか心配です。

내년 사업이 계획대로 잘 될지 걱정이 돼요.
来年の事業が計画通りうまくいくか心配です。

3 -(으)나

➥ 叙述語の語幹に付いて、前の言葉を認めるが、それに対立する状況や動作を続けて述べようとするときに用いられる連結語尾。主に書き言葉の表現として用いられる。

보기 두 건물의 모습은 비슷하나 내부 구조는 아주 다르다
2つの建物の姿は似ているが、内部の構造はかなり違う。

늦은 감이 있으나 지금부터라도 대책을 세워야 한다.
遅れた感があるが、今からでも対策を立てなければならない。

이번 올림픽에 대규모 선수단을 파견했으나 결과는 기대 이하였다.
今回のオリンピックに大規模な選手団を派遣したが、結果は期待以下だった。

1

 17-02

 보기

> 단독 주택 / 개를 키워도 되지만 아파트에선 안 돼요.

> 단독 주택 **같으면** 개를 키워도 되지만 아파트에선 안 돼요.

(1) 너 / 이럴 때 어떻게 하겠니?

(2) 옛날 / 결혼해서 아이 엄마가 되었을 나이예요.

(3) 친한 친구 / 부탁하겠지만 그분과는 이름만 아는 사이예요.

(4) 아이 / 무례한 행동을 할 수도 있겠지만 민수 씨는 어른이잖아요.

2

 17-03

보기

> 우리 집 / 아버지가 집에 못 들어오게 했을 거예요.

> 가 : 어젯밤에 술 마시고 집에 새벽에 들어갔어요.
> 나 : 우리 집 **같으면** 아버지가 집에 못 들어오게 했을 거예요.

(1) 저 / 그렇게 쉽게 헤어지지 않았을 텐데…….

부모님이 반대하셔서 애인과 헤어졌어요.

(2) 전세 / 그 돈으로 어려울 거예요.

이 돈으로 서울에서 집을 구할 수 있을까요?

(3) 거실 / 밝고 깨끗한 색이 좋을 것 같은데…….

거실 벽지를 바꿀까 하는데 어떤 게 좋을까요?

(4) 10년 전 / 한 달 생활비였는데.

요즘 이 정도 돈으로는 양복 한 벌도 못 사요.

3

보기

지금 출발하면 제시간에 도착할 수 있겠다

지금 출발하면 제시간에 도착할 수 있을지 모르겠어요.

(1) 요즘 할아버지 건강이 괜찮으시다

(2) 우리 딸이 미국에 가서 잘 지내고 있다

(3) 출장 간 하 대리가 일을 무사히 끝냈다

(4) 그 이야기를 듣고 사장님이 화를 내시지 않겠다

4

보기

마음에 드시겠다

가 : 선물 정말 감사합니다. 잘 쓰겠습니다.
나 : 마음에 드실지 모르겠어요.

(1) | 네, 혹시 나쁜 병이 아니다

요즘 자주 속이 아프세요?

(2) | 네, 그런데 제가 실수를 하지 않았다

어제 미국에서 손님이 오셨을 때 통역을 하셨다면서요?

(3) | 네, 날씨도 추운데 훈련을 잘 받다

아드님이 입대하셨다면서요?

(4) | 표가 있겠다

그 가수가 콘서트를 한다고 하는데 같이 보러 갈래요?

5

보기

이 도자기는 화려하지는 않다 / 우아한 멋과 색으로 높이 평가받고 있다.

이 도자기는 화려하지는 않**으나** 우아한 멋과 색으로 높이 평가받고 있다.

(1) | 문제 해결을 위해 두 나라 정부가 노력하고 있다 / 결과는 더 두고 봐야 할 것이다.

(2) | 상대팀은 개인기는 뛰어나다 / 조직력이 부족하다.

(3) | 어젯밤 울산 근처에서 지진이 발생했다 / 다행히 큰 피해는 없었습니다.

(4) | 전통적인 풍습이 많이 사라졌다 / 차례 등 명절 풍습은 아직도 남아 있습니다.

단어 単語

□ 단독 주택 単独住宅、一軒家 □ 무례하다 無礼だ □ 새벽 早朝 □ 벽지 壁紙 □ 무사히 無事に
□ 혹시 もしかして □ 통역 通訳 □ 훈련 訓練 □ 입대하다 入隊する □ 도자기 陶磁器
□ 화려하다 派手だ □ 우아하다 優雅だ □ 평가받다 評価を受ける □ 정부 政府
□ 상대팀 相手チーム □ 개인기 個人技 □ 뛰어나다 優れている □ 조직력 組織力 □ 지진 地震
□ 차례 祭祀

1 듣고 관계가 있는 날을 보기 에서 골라 쓰십시오. 🔘 17-07

音声を聞いて、関係がある日を 보기 から選んで書きなさい。

보기	제사	환갑	돌	추석	설날

(1) _____

(2) _____

(3) _____

(4) _____

2 듣고 이어지는 대답으로 알맞지 <u>않은</u> 것을 고르십시오. 🔘 17-08

音声を聞いて、あとに続く答えとしてふさわしくないものを選びなさい。

(1) ▨▨▨

① 결혼기념일 여행이라니 부럽네요.

② 어머! 김 과장님처럼 좋은 남편은 없을 거예요.

③ 김 과장님 부부는 아직 신혼이나 다름없나 봐요.

④ 멋진 여행을 하셨다니 부러운데요.

(2) ▨▨▨

① 네가 안 가면 영철이가 섭섭해할 텐데…….

② 영철이한테 전화하든지 문자를 보내든지 해라.

③ 영철이도 이렇게 빨리 돌아가실 줄 몰랐대.

④ 영철이도 이해하겠지 뭐.

3 듣고 질문에 대답하십시오. 17-09

音声を聞いて、質問に答えなさい。

(1) 듣고 맞으면 ○, 틀리면 × 하십시오.

① 한국 사람들은 미역국을 즐겨 먹는다.

② 미역국은 건강에 좋은 음식이지만 산모에게는 좋지 않다.

③ 아이를 낳은 후에 대부분 미역국을 먹는다.

④ 시험 보는 날엔 미역국을 먹지 않는다.

(2) 시험 보는 날 미역국을 안 먹는 이유는 무엇입니까?

한국 문화 엿보기　韓国文化探訪

夢判断

韓国人の中には、夢で未来を予見できると考える人がいる。夢の中で、ある動物や、人、物を見ると、これから何かいいことが起こるかもと期待したり、何かよくないことが起こるかもと注意したりする。特に女性が妊娠したときは、子どもの運命と夢と結びつけて考える。例えば、豚に虎、龍を見ると、特別な才能を持った子どもが生まれると言われている。他に、果物の夢もいい夢だとされている。そして、夢で見た物によって女の子か男の子か予想したりもする。また韓国では、豚はお金や財産を意味するので、豚の夢を見るとお金が手に入るのだと考え、宝くじを買う人もいる。しかし、靴やかばんなど身のまわりの物が夢に出てきたときは、何か心配事ができると考え、亡くなった人が夢に現れたときは、悪いことが起こると考える。

しかし、このような夢の解釈は一説にすぎない。一般には、夢を見た後の気分によって、何かいいこと、よくないことがあるかもしれない、と考えるのが普通だ。

18-01

한 부장 부인 : 새해 복 많이 받으세요. 올해도 하시는 일 다 잘 되기를
바랍니다.

다 니 엘 : 네, 부장님과 사모님도 올해 더 건강하시고 새해 복 많이
받으세요. (잠시 후)

한 부장 부인 : 떡국을 잘 드시네요. 한 그릇 더 드릴까요?

다 니 엘 : 떡국을 먹을수록 나이를 먹는 거 아닌가요? 저는 한 살만
먹을래요.

한 부장 부인 : 별걸 다 아시네요. 그렇게 따지면 저는 100살도 넘었을 거예요.
사양하지 말고 더 드세요.

다 니 엘 : 그럼 한 그릇 더 먹을까요? 바쁘신데 저희까지 초대해 주시고,
정말 감사합니다. 기억에 남는 설날이 될 것 같아요.

한 부장 부인 : 명절 때는 유난히 고향 생각이 더 나는 법인데 오늘은 다 잊고
즐겁게 보내도록 하세요.

□ 새해 복 많이 받으세요 よい新年をお送りください、あけましておめでとうございます
□ 사모님 奥様 　　　　　　□ (나이를) 먹다 (年を) とる 　□ 별 変な
□ 따지다 取り立てる 　　　□ 사양하다 遠慮する 　　　　□ 설날 お正月
□ 명절 お盆や正月などの伝統行事 　□ 유난히 とりわけ 　　　□ 즐겁다 楽しい

ハン部長夫人 ： あけましておめでとうございます。今年も、なさることがすべてうまくいくように祈っています。

ダニエル ： はい、部長と奥様も今年ますます健康で、よい新年をお送りください。

　　　　　　（しばらくして）

ハン部長夫人 ： トックッ、よく召し上がりますね。もう一杯差し上げましょうか。

ダニエル ： トックッは食べるほど年をとるんじゃないですか。私は一歳だけ年をとることにします。

ハン部長夫人 ： 変なことまでご存じなんですね。それを言ったら、私は100歳を超えているでしょうね。遠慮せずにもっと召し上がってください。

ダニエル ： じゃあ、もう一杯だけ食べましょうか。お忙しいのに私まで招待してくださって、本当にありがとうございます。記憶に残るお正月になりそうです。

ハン部長夫人 ： お盆や正月などの伝統行事のときはとりわけ故郷を思い出すものですけど、今日は全部忘れて楽しく過ごすようにしてください。

문법

文法

1 –(으)ㄹ수록

→ 叙述語の語幹に結合して、その動作や状態が進行するにつれて、動作や状態の程度が増していくことを表す。同じ動詞を「-(으)면 -(으)ㄹ수록」の形で繰り返す場合が多い。

보기 부자일수록 돈에 대해서 더 철저합니다.
お金持ちであるほどお金に対してより厳しいです。

한국말은 배우면 배울수록 어려워요.
韓国語は習えば習うほど難しいです。

서현 씨는 보면 볼수록 미인이에요.
ソヒョンさんは見れば見るほど美人です。

2　- 다 -

↳ 「起こったことが、話者が予想できなかった範囲にまで及ぶ」ことを表す副詞。起こった状況に対しての驚きを表現したり皮肉を言うときに用いられる。

| 보기 | 폐라니요? 원, 별말씀을 다 하십니다.
迷惑ですって？　なんと、変なことをおしゃいますね。

쉬는 게 다 뭡니까? 앉을 새도 없었는데…….
休むなんて何なんですか。わたしは座る暇もなかったというのに。

정말 이상한 사람을 다 보겠네.　本当に変な人に会うものだな。

3　-는 법이다

↳ 「道理や決められたこと」を表す不完全名詞「법」が動詞と形容詞の連体形語尾「-(으)ㄴ/는」の後に用いられ、「ある状態や動作が例外なくそうなったり、決められたことで当然である」という意味を表す。格言やすべての人が同意できる事実である場合に多く用いられる。

| 보기 | 서두르면 실수하는 법이다.　焦れば失敗するものだ。

돈은 가지면 가질수록 더 갖고 싶은 법이에요.
お金は、持てば持つほどもっと欲しくなるものです。

하늘이 무너져도 솟아날 구멍이 있는 법이에요.
たとえ空が落ちてきても抜け出す穴はあるものです。（韓国のことわざ）

156

1

보기

> 자다 / 더 졸리는 것 같아요.

자면 잘수록 더 졸리는 것 같아요.

(1) 아이가 크다 / 돈이 많이 들어요.

(2) 그 사람을 만나다 / 정이 들어요.

(3) 경제가 발전하다 / 사회 문제도 많아집니다.

(4) 나이를 먹다 / 기억력이 나빠져요.

2

> 네, 하다 / 재미있어서요.

가 : 그 게임을 3시간이나 했어요?
나 : 네, 하면 할수록 재미있어서요.

(1) 백화점에서는 비싸다
/ 오히려 잘 팔려요.

이렇게 비싼데 잘 팔릴까요?

(2) 지위가 높아지다
/ 어깨가 무거워집니다.

부장님으로 승진하시니까 어때요?

(3) 회사 일은 하다 / 어려운 것 같아요.

입사한 지 1년이 됐으니까 이제 회
사 일에 익숙해졌겠네요.

(4) 시간이 지나다
/ 사과하기 힘들 텐데…….

좀 시간이 지난 뒤에 사과하려고
해요.

보기

요가를 / 하세요?

가 : 요즘 퇴근 후에 요가를 하고 있어요.
나 : 요가를 다 하세요?

(1) 집에서 술을
/ 담그셨어요? 대단하시네요.

어제 어머니와 같이 술을 담갔어요.

(2) 와! 별걸 / 해 봤구나.

나는 옛날에 아르바이트로 안 해
본 게 없어. 우유 배달, 웨이터, 영
화 엑스트라…….

(3) 어머! 야마다 씨가 시를 / 지으셨대요?

야마다 씨가 한국어로 시를 지었다
는데요.

(4) 코미디가 너무 웃기니까 눈물이
/ 나오네요.

왜 텔레비전을 보면서 눈물을 흘려요?

4

보기

노력하는 사람만이 성공하다

노력하는 사람만이 성공하는 법이에요.

(1) 자기 자식은 누구나 다 예쁘다

(2) 사람의 욕심은 끝이 없다

(3) 자기가 남에게 해 준 만큼 받다

(4) 눈에서 멀어지면 마음도 멀어지다

5

18-06

보기

계절이 바뀌면 누구나 그렇다

가 : 가을이 되니까 왠지 외로워요.
나 : 계절이 바뀌면 누구나 그런 법이에요.

(1) 원래 월요일에는 더 피곤하다

주말에 잘 쉬었는데 왜 이렇게 피곤한지 모르겠네요.

(2) 뭐든지 처음 할 때는 긴장이 되다

내일이 첫 출근인데 긴장이 돼요.

(3) 누구나 사랑에 빠지면 눈이 멀게 되다

결혼하기 전에는 남편이 왜 그렇게 멋있어 보였는지 모르겠어요.

(4) 최선을 다하면 좋은 결과가 나오다

최선을 다하기는 했지만 자신이 없어요.

단어 単語 　□기억력 記憶力 　□오히려 むしろ 　□지위 地位 　□요가 ヨガ 　□시 詩 　□흘리다 流れる
　　　　　　 □노력하다 努力する 　□자식 子ども 　□욕심 欲 　□(사랑에) 빠지다 (恋に) 落ちる

나의 인생

한 사람의 인생 이야기를 만들어 봅시다. 각자 받은 종이에 유년 시절을 써 봅시다. 그리고 옆 사람에게 종이를 넘기고, 옆 사람한테서 받은 종이를 읽고 이어서 써 봅시다. 다 쓴 후에 가지고 있는 종이의 내용을 발표해 봅시다.

ある人の人生の話を作ってみましょう。各自受け取った紙に子ども時代の話を書いてみましょう。それから隣の人に紙をまわし、隣の人から受け取った紙を読んで続きを書いてみましょう。すべて書き終わったら持っている紙に書かれている話を発表してみましょう。

유년 시절

청소년 시절

청년 시절

중년 시절

노년 시절

19-01

이 대리 : 가방이 멋있네요. 새로 샀나 봐요.

혜 정 : 네, 지난번에 외국 출장 갔다 오면서 하나 장만했어요.

이 대리 : 어쩐지 좋아 보이더라. 그런데 정말 쇼핑을 좋아하는 것 같아요.

혜 정 : 네, 스트레스가 쌓였을 때도 쇼핑을 하다 보면 풀려 버리거든요.
그래도 요즘은 좀 자제를 하는 편이에요.

이 대리 : 제가 보기에는 아직도 여전한 것 같은데…….

혜 정 : 전에는 더했어요. 갖고 싶은 물건을 보면 참지 못했으니까요.
그러다가 카드 대금이 연체되기도 하고 몇 번 고생을 하고 나서는
정신을 차리게 됐어요. 틈틈이 카드로 쓴 금액을 체크하기도
하고요.

이 대리 : 쇼핑 좋아하는 사람들은 충동구매나 카드 사용에 신경을 좀 써야
돼요.

□ **장만하다** 買う　　□ **어쩐지** どうりで　　□ **자제하다** 自制する
□ **여전하다** 相変わらずだ　□ **더하다** もっとひどい　□ **대금** 代金
□ **연체되다** 延滞する　　□ **정신을 차리다** 正気になる　□ **틈틈이** 合間合間に
□ **충동구매** 衝動買い

イ代理 ：	カバンが素敵ですね。新しく買ったようですね。
ヘジョン ：	はい。このまえ海外出張に行ってきたときに一つ買いました。
イ代理 ：	どうりでいい物に見えたんです。ところで、本当に買い物が好きなようですね。
ヘジョン ：	はい。ストレスが溜まったときも買い物をしているうちに解消されるんです。それでも最近は少し自制している方です。
イ代理 ：	私が見るかぎりではまだ相変わらずな気がするんですが……。
ヘジョン ：	前はもっとひどかったです。欲しいものを見ると我慢できなかったんですから。そうしてカードの代金が延滞したりもして、何度か苦労をしてからは正気になりました。合間合間にカードで使った金額をチェックもしますし。
イ代理 ：	買い物が好きな人たちは衝動買いやカードの使用にちょっと気を使わなければいけませんよ。

文法

1　–다가 보면

→ 動詞や一部の形容詞の語幹に付いて、先行する動詞や状態が続く過程で、後ろに続く状況が起こることを意味する。よって後ろに続く動詞は過去形が来ることができない。「–다가」から「가」が省略される場合がある。

보기　이리로 곧장 가다가 보면 찾고 있는 건물이 보일 거예요.
　　　こちらにまっすぐ行くうちに、探している建物が見えるはずです。

　　　누워만 있다 보면 없던 병도 생길 테니 잠깐 산책이라도 하고 와라.
　　　横になってばかりいると、なかった病気にまでかかるから、ちょっと散歩でもしてきなさい。

　　　살다 보면 별의별 사람을 다 만나게 됩니다. 生きていると、本当に色々な人に会います。

2 －아/어 버리다

➡ 動詞の語幹に結合して、その動作が完了したことを表す。もとに戻れない状態で「動作が完全に完了した」ことを表したり、その動作が完了したので「話者が感じていた負担が取り除かれた」ことを意味する。

| 보기 | 역에 가 보니까 기차는 벌써 떠나 버렸더군요.
駅に行ったら汽車は既に出発してしまっていました。 |

내가 벽에 붙인 포스터를 누가 떼 버렸어요?
私が壁に貼ったポスターを誰がはがしてしまったんですか。

먼저 가 버리면 안 됩니다.　先に行ってしまってはいけません。

사표를 내 버리고 싶을 때가 한두 번이 아니에요.
辞表を出してしまいたいときが一度や二度ではありません。

술이 조금밖에 안 남았는데 다 마셔 버립시다.
お酒が少ししか残っていませんから、全部飲んでしまいましょう。

무더운 여름이 빨리 지나가 버렸으면 좋겠어요.
蒸し暑い夏が早く過ぎてしまえばいいです。

3 －다가

➡ 「行為の中断や他の行動への転換」を意味する「－다가」(『中級1』4課文法参照)が「原因や理由」を表すことがある。先行する節の動作の中に「後ろの結果が意図せず起こる」ことを意味する。先行する節の動作が完了したあとに、思いもよらず後行する節の結果が起こる場合「－았/었다가」を用いる。

| 보기 | 날마다 이렇게 놀다가 시험에 떨어지면 어떻게 하려고 그래요?
毎日こんなふうに遊んでいて、試験に落ちたらどうするんですか。 |

백화점에 갔다가 우연히 중학교 동창생을 만났어요.
デパートに行ったら、偶然中学校の同窓生に会いました。

사과하지 않았다가 나중에 큰 싸움이 일어났어요.
謝らなかったから、あとで大きなけんかになりました。

유형연습

1

보기

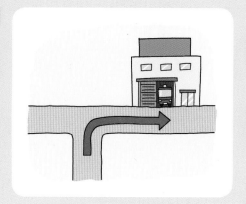

오른쪽으로 돌아서 가다
/ 소방서가 보일 거예요.

오른쪽으로 돌아서 가다 보면 소방서가 보일 거예요.

(1) 하는 일이 많다 / 한두 가지 잊어버릴 때도 있습니다.

(2) 그 사람을 진심으로 대하다 / 언젠가는 마음의 문을 열 거라고 생각해요.

(3) 처음에는 힘들겠지만 생활하다 / 익숙해질 테니까 너무 걱정하지 마세요.

(4) 외국어를 배우다 / 한 번쯤 포기하고 싶을 때가 있는 법이야.

2

보기

처음에는 어색하지만 며칠 지내다
/ 자연스러워질 거예요.

가 : 어제 파마했는데 너무 마음에 안 들어서 풀고 싶어요.
나 : 처음에는 어색하지만 며칠 지내다 보면 자연스러워질 거예요.

(1) 지내다 / 정이 들 거예요.

하숙집이 아직은 낯설어요.

(2) 바쁘다 / 그럴 수도 있지요, 뭘.

지난번에 갑자기 약속을 취소해서 미안해요.

(3) 열심히 모으다 / 언젠가는 우리 집을 살 날이 오겠지요.

이렇게 저축해서 언제 우리 집을 사요?

(4) 계획 없이 살다 / 또 그럴 테니 앞으로는 가계부라도 쓰세요.

지난달에는 생활비가 완전히 적자였어요.

3

보기

내가 조심하지 않고 써서 오븐이 망가지다 / 버렸어요.

내가 조심하지 않고 써서 오븐이 망가져 버렸어요.

(1) 친구와 야구를 하다가 이웃집 유리창을 깨다 / 버렸어요.

(2) 기르던 물고기가 죽다 / 버렸어요.

(3) 옛날에 받은 연애편지는 태우다 / 버리는 게 어때요?

(4) 필요 없는 물건들은 다 치우다 / 버리세요.

4

보기

형이 내 과자를 다 먹다

가 : 너희들 왜 싸우는 거야?
나 : 형이 내 과자를 다 먹어 버렸어요.

(1) 가니까 벌써 표가 매진되다

왜 벌써 와요? 영화를 못 봤어요?

(2) 너무 낡아서 폐차시키다

새 차를 사셨군요. 타던 차는 어떻게 했어요?

(3) 아니요, 값이 떨어질 것 같아서 팔다

지난번에 산 주식은 아직 가지고 있어요?

(4) 아니요, 옆집 아줌마가 달라고 해서 주다

아이들이 입던 옷은 버렸어요?

5

보기

과속을 하다 / 경찰에게 잡혔어요.

과속을 하다가 경찰에게 잡혔어요.

(1) 할까 말까 망설이다 / 좋은 기회를 놓쳤어요.

(2) 지하철을 잘못 탔다 / 고생을 했어요.

(3) 음식을 잘 익히지 않고 먹었다 / 배탈이 난 적이 있어요.

(4) 부모님께 사실대로 말하지 않았다 / 야단을 맞았어요.

6

보기

> 쇼핑하러 남대문 시장에 갔다
> / 우연히 만났어요.

가 : 동창을 어디에서 만났어요?
나 : 쇼핑하러 남대문 시장에 갔다가 우연히 만났어요.

(1) 미루다 / 마감 날이 지나 버렸어요.

왜 그 회사에 원서를 내지 않았어요?

(2) 그렇게 책만 보다 / 박사 되겠네요.

영호 씨는 요즘 밤낮 책만 봐요.

(3) 서로 자기 나라 응원하다 / 그랬대요.

마크 씨하고 재석 씨하고 축구 보다가 왜 싸웠대요?

(4) 사업에 대해 아무 것도 모르고 시작했다 / 실패했어요.

옛날에 하시던 사업은 어떻게 됐어요?

단어 単語

□ 어색하다 ぎこちない　□ 자연스럽다 自然だ　□ 낯설다 なじみがうすい　□ 가계부 家計簿
□ 적자 赤字　□ 망가지다 壊れる　□ 낡다 古い　□ 폐차시키다 廃車にする　□ 과속 過速
□ 야단을 맞다 叱られる　□ 우연히 偶然

나만의 명품

R 시계, L 가방, B 구두, T 액세서리……. 우리가 소위 명품이라고 하는 물건들은 멋진 디자인과 세련된 색깔로 많은 사람들에게 사랑을 받고 있다. 그런데 그 사랑이 지나친 걸까? 너도 나도 그 명품을 베낀 '짝퉁'이라도 들고 싶어 사다 보니 '3초 백'이라는 부끄러운 말까지 생겼다. 똑같은 걸 가진 사람을 하루에도 몇 번씩 마주친다면 그건 좀 민망한 일이 아닐까?

그렇다면 명품이란 어떤 것일까? 명품의 사전적 의미는 '뛰어난 물건 혹은 작품'이다. 좀 더 상세히 설명하자면 솜씨 좋은 장인들이 수작업으로 정성껏 만든 귀한 물건이다. 즉 기능이나 디자인 면에서 훌륭한 물건이지 무조건 값비싼 고급 브랜드를 의미하는 것은 아닐 것이다.

얼마 전에 할머니가 돌아가시고 어머니가 할머니 유품을 정리하다가 예쁜 비단 조각들이 가득 들어 있는 상자를 발견하였다. 그걸 보자마자 엄마와 나는 마치 소녀처럼 탄성을 지르고 만져 보기 시작했다. 할머니가 평생 모아 오셨다는 귀한 천들. 엄마는 그걸 하나하나 어루만지며 미소를 지으시기도 하고 눈물을 글썽이기도 하셨다.

그리고는 며칠 후 엄마는 내 앞에 예쁜 파우치와 지갑을 내놓으셨다. 바로 그 천들로 만든 세상에서 하나 뿐인 물건. 할머니의 옷장에서 수십 년간 사랑받아 온 천들로 어머니가 정성을 다해 만드신 것들이었다.

너무나 다양한 고급 물건이 넘쳐나는 요즘 같은 시대에는 브랜드 이름이나 가격보다는 자기만의 개성과 소중한 추억이 담겨 있는 이런 물건이 정말 명품이 아닐까?

1 '명품'과 '짝퉁'의 의미를 쓰십시오.

2 어머니는 할머니의 천을 만지며 왜 미소를 지으시기도 하고 눈물을 글썽이기도 하셨을까요?

3 여러분도 '나만의 명품'이라고 할 만한 물건이 있습니까? 있으면 한번 소개해 보십시오.

□ 명품 ブランド品	□ 소위 一般的に	□ 세련되다 洗練されている
□ 베끼다 複製する	□ 짝퉁 偽ブランド品	□ 마주치다 出くわす
□ 민망하다 恥ずかしい	□ 혹은 もしくは	□ 상세히 詳しく
□ 장인 職人	□ 수작업 手作業	□ 정성껏 誠心誠意
□ 귀하다 貴重だ	□ 즉 つまり	□ 고급 高級
□ 유품 遺品	□ 비단 絹	□ 조각 布切れ
□ 가득 いっぱい	□ 발견하다 発見する	□ 탄성 感嘆の声
□ 천 布	□ 어루만지다 なでる	□ 글썽이다 （目に涙を）うかべる
□ 개성 個性	□ 소중하다 大切だ	□ 담기다 こもる

기념일	날짜	의미
설날	1월 1일 (음력)	新年初日。大人たちにセベ（歳拝、新年の挨拶）をし、トックッを食べる日
대보름	1월 15일(음력)	伝統的な行事で五穀米とブロム（健康を願って食べる栗などの木の実）を食べ、健康と豊作を祈願する日
삼일절	3월 1일	韓国が日本の支配を受けていたとき、独立のために全国民が万歳を唱えた日
식목일	4월 5일	木を植える日
석가탄신일	4월 8일(음력)	お釈迦様の生まれた日
어린이날	5월 5일	子どものための日
어버이날	5월 8일	両親への恩を考え両親と一緒に過ごす日
현충일	6월 6일	国のために戦って亡くなった人を追悼する日
제헌절	7월 17일	韓国の憲法が制定された日
광복절	8월 15일	韓国が日本の支配から開放され主権を取り戻した日
추석	8월 15일(음력)	一年の農作業がうまくいったことに感謝し、収穫した食べ物を食べて楽しむ日
개천절	10월 3일	紀元前2333年　檀君がこの地に国を初めて建てた日
한글날	10월 9일	世宗大王がハングルを作った日
크리스마스	12월 25일	イエス・キリストの誕生を記念する日

제**20**과 고민 끝에 차를 한 대 사기로 했어요

20-01

이 대리 : 드디어 결혼한다면서요? 축하합니다. 집은 구했어요?

혜　정 : 아니요, 알아보다가 고민 끝에 남자 친구가 지금 살고 있는 원룸
　　　　에 그냥 들어가 살고 그 대신 갖고 싶던 차를 한 대 사기로 했어요.

이 대리 : 원룸은 둘이 살자면 아무래도 불편하지 않을까요? 그리고 찻값도
　　　　만만치 않을 텐데…….

혜　정 : 그렇긴 하지만 우리 둘 다 워낙 여행을 좋아하거든요. 집에서는
　　　　거의 잠만 잘 텐데 많은 돈을 들이기가 아깝기도 해서요.

이 대리 : 뭘 중요하게 생각하느냐에 따라 돈을 쓰는 방법도 달라지는 것
　　　　같네요.

혜　정 : 시간이 지나면 생각이 바뀔지도 모르겠지만 지금은 그냥 이렇게
　　　　하고 싶어요.

◉ 単語と表現 単語と表現

- □ 드디어 ついに
- □ 원룸 ワンルーム
- □ 아무래도 どう考えても
- □ 만만하다 容易い
- □ 돈을 들이다 お金をかける
- □ 아깝다 もったいない

イ代理	：	ついに結婚するんだそうですね。おめでとうございます。家は見つけましたか。
ヘジョン	：	いいえ、調べたんですが、悩んだ末に、彼が今住んでいるワンルームに私も引っ越して住んで、その代わりに欲しかった車を1台買うことにしました。
イ代理	：	ワンルームは2人で住もうとしたら、どう考えても不便じゃないでしょうか。それに車の値段も安くはないでしょうに……。
ヘジョン	：	そう言われればそうなんですが、私たち2人、なにせ旅行が好きなんです。家ではほとんど寝るだけでしょうから、お金をたくさんかけるのがもったいない気もしたので。
イ代理	：	何を重要だと考えるかによって、お金を使う方法も違ってくるようですね。
ヘジョン	：	時間が経てば考えが変わるかもしれませんが、今はただ、こうしたいんです。

文法

1 – 끝에

→ 名詞また過去の時制の連体形語尾「-(으)ㄴ」や「-던」の後に用いられ、「長い時間や難しい過程を経てようやく後行する節にその結果が起こる」ことを意味する。

보기 　오랜 방황 끝에 고향으로 돌아왔습니다.
　　　　長い放浪の末に、故郷に帰ってきました。

　　　　세 시간 고른 끝에 마음에 드는 것을 찾았습니다.
　　　　3時間選んだ末に、気に入るものを見つけました。

　　　　오랫동안 참고 기다리던 끝에 원하던 대답을 들을 수 있었습니다.
　　　　長い間我慢して待った末に、望んでいた返事を聞くことができました。

2 -자면

⮑ 動詞の語幹に付いて、「これから先〜ようとしたら」という意味を表す。「-(으)려면」と類似した意味で用いられるが「-(으)려면」は制約なく使用できるのに対し「-자면」は主に一般人が主語になり一般的な事実について述べるときに用いられる。

> **보기** 가수로 성공하자면 매니저를 잘 만나야 합니다.
> 歌手として成功しようとしたら、いいマネージャーに出会わなければなりません。
>
> 이 공사를 한 달 안에 끝내자면 날씨가 좋아야 할 텐데…….
> この工事を1ヶ月以内に終わらせようとしたら、天気がよくなければいけないんですが……。
>
> 누구나 꿈을 이루자면 그만큼 노력이 필요합니다.
> 誰でも夢を叶えようとしたら、その分努力が必要です。

＊次のように慣用的に用いられ、「〜のように説明するとしたら」という意味を表す場合もある。

> **보기** 솔직히 말하자면 저는 의사가 되고 싶지 않았습니다.
> 正直に言えば、私は医者になりたくありませんでした。
>
> 한마디로 말하자면 이건 최악입니다.　一言で言えば、これは最悪です。
>
> '정'이란 쉽게 설명하자면 한국적인 사랑입니다.
> 「情」とは簡単に説明すると、韓国的な愛です。

3 -느냐에 따라

⮑ 「ある事実や立場に依拠する」ことを表す「-에 따라」（『中級1』第16課文法参照）が疑問文と結合すると「-느냐에 따라」の形で用いられる。後ろの事実が前の疑問文の影響を受けることを表す。

> **보기** 졸업여행을 어디로 가느냐에 따라 가고 안 가고를 결정할 거예요.
> 卒業旅行にどこへ行くかによって、行くか行かないか決めるつもりです。
>
> 고기 요리라도 어떻게 요리했느냐에 따라 다이어트에 괜찮을 수 있어요.
> 肉料理と言っても、どうやって料理したかによって、ダイエットにいい場合もあります。
>
> 대통령 후보의 공약이 현실성이 있느냐 없느냐에 따라 평가해야 합니다.
> 大統領候補の公約は、実現性があるかないかで評価しなければなりません。

1

고민 / 수술을 받기로 했어요.

고민 **끝에** 수술을 받기로 했어요.

(1) 고생 / 낙이 온다는 말도 있잖아요.

(2) 생각 / 유학을 포기하기로 했어요.

(3) 부모님을 오랫동안 설득했다 / 허락을 받았습니다.

(4) 10년 연구했다 / 신기술을 개발했습니다.

2

집 앞에서 5시간 기다렸다
/ 겨우 만났어요.

가 : 그 가수는 만나기가 어렵다던데 어떻게 만났어요?
나 : 집 앞에서 5시간 기다린 **끝에** 겨우 만났어요.

(1) 우리는 10년 연애 / 결혼했어요.

두 사람은 연애결혼이에요? 중매결혼이에요?

(2) 네, 장시간 회의 / 만장일치로 결정됐습니다.

모든 사람들이 찬성했나요?

(3) 여기저기 물어봤다 / 알아낸 거예요.

제가 여기에서 일하는지 어떻게 알았어요?

(4) 네, 7번 실패했다
/ 8번째에선 좋은 결과가 나왔습니다.

그 동안 실험이 계속 실패하다가 어렵게 성공하셨다면서요?

3

보기

오늘 밤에 이 책을 다 읽다
/ 밤을 새워야겠군요.

오늘 밤에 이 책을 다 읽자면 밤을 새워야겠군요.

(1) 사립학교에 다니다 / 공립학교보다 돈이 두 배쯤 더 들어요.

(2) 이 집을 다 수리하다 / 한 달 이상 걸릴 거예요.

(3) 세계 평화를 지키다 / 핵무기를 없애야 합니다.

(4) 솔직히 말하다 / 저는 별로 가고 싶지 않습니다.

4

보기

좋은 자리를 맡다
/ 새벽부터 줄을 서야 할 거예요.

가 : 야구 시합을 좋은 자리에서 구경하려면 몇 시에 가야 해요?

나 : 좋은 자리를 맡자면 새벽부터 줄을 서야 할 거예요.

(1) 부산까지 가다 / 지금 출발해야 해요.

벌써 출발해요?

(2) 대기업에 취직하다
/ 학교 성적이 좋아야 합니다.

대학생들이 성적에 신경을 많이 쓰는군요.

(3) 유럽으로 신혼여행을 가다
/ 비용이 많이 드니까요.

왜 신혼여행을 유럽으로 가지 않았습니까?

(4) 쉽게 설명하다
/ 한국식 파티라고 할 수 있어요.

'잔치'라는 단어의 의미가 뭐예요?

5

보기

어떤 섬유이다 / 세탁법이 다릅니다.

어떤 섬유냐에 따라 세탁법이 다릅니다.

(1) 영화 관객이 얼마나 많다 / 상영 기간이 결정될 겁니다.

(2) 어떻게 만들다 / 음식 맛이 많이 달라져요.

(3) 똑같은 방이라도 가구를 어떻게 놓다 / 차이가 많이 나요.

(4) 네가 가다 / 안 가다 / 여행 일정이 달라질 거야.

단어 単語
□낙 楽 □설득하다 説得する □허락 許可 □연구하다 研究する □개발하다 開発する
□중매결혼 お見合い結婚 □만장일치 満場一致 □찬성하다 賛成する □실험 実験
□(밤을) 새우다 徹夜する □사립학교 私立校 □공립학교 公立校 □평화 平和 □핵무기 核兵器
□솔직히 正直に □줄을 서다 列に並ぶ □대기업 大企業 □비용 費用 □섬유 繊維 □관객 観客
□상영 上映

듣기

1 듣고 질문에 대답하십시오. 20-07

音声を聞いて質問に答えなさい。

(1) 내용과 맞는 것을 고르십시오.

① 남자는 모아 놓은 돈이 있다.　　② 여자가 적금을 들라고 권했다.

③ 남자는 가계부를 써 본 적이 없다.　　④ 여자는 돈 관리가 중요하다고 생각한다.

(2) 남자는 앞으로 무엇을 할 것 같습니까?

2 듣고 내용과 같은 것을 고르십시오.   20-08

聞いた内容と合うものを選びなさい。

(1)

① 상품평은 상품을 써 본 후에 쓰는 것이다.

② 인터넷으로 상품을 사고 나서 상품평을 쓰는 것이 좋다.

③ 상품평에는 상품에 대한 장점이 대부분이라 도움이 안 된다.

④ 주문한 물건을 받아 보면 상품평과 다를 때가 있다.

(2)

① 물가가 올라서 편의점 도시락 값도 올랐다.

② 남자는 앞으로 도시락을 싸 가지고 다닐 생각이다.

③ 도시락을 먹으면 점심시간을 이용해 다른 것을 할 수 있다.

④ 남자는 편의점 도시락을 먹어 본 적이 있다.

(3)

① 모아 둔 포인트는 아무 때나 사용하고 싶을 때 쓸 수 있다.

② 남자가 사용하는 카드는 하나밖에 없다.

③ 여자는 모아 두었던 카드 포인트로 카메라를 샀다.

④ 남자는 카메라를 사서 카드 포인트를 다 써 버렸다.

의성어·의태어 擬音語、擬態語

보기 에서 적당한 의성어를 골라 쓰십시오.
보기 から適当な擬声語を選んでください。

보기	야옹야옹, 멍멍, 째깍째깍, 따르릉, 빵빵, 똑똑, 졸졸, 콜록콜록, 쨍그랑, 음메~

1. 전화나 벨 소리   (   )
2. 고양이가 우는 소리   (   )
3. 시계 소리   (   )
4. 접시나 유리가 깨지는 소리   (   )
5. 자동차 경적 소리 (   )
6. 기침 소리   (   )
7. 개가 짖는 소리   (   )
8. 소, 양, 염소가 우는 소리   (   )
9. 노크 소리, 물이 한 방울씩 떨어지는 소리   (   )
10. 물이 부드럽게 흐르는 소리   (   )

보기 에서 적당한 의태어를 골라 쓰십시오.
보기 から適当な擬態語を選んでください。

보기	흔들흔들, 끄덕끄덕, 반짝반짝, 비틀비틀, 뻘뻘, 빙글빙글, 살금살금, 보글보글, 깜박깜박, 펑펑

11. 별이 빛나는 모양   (   )
12. 계속 도는 모양   (   )
13. 땀을 많이 흘리는 모양   (   )
14. 고개를 위아래로 흔드는 모양 (   )
15. 눈이 많이 쏟아지는 모양   (   )
16. 물이나 찌개 등이 끓는 모양   (   )
17. 발을 제대로 옮기지 못하고 쓰러질 것처럼 걷는 모양   (   )
18. 눈치를 봐 가면서 몰래 하는 모양   (   )
19. 위아래 또는 양옆으로 계속 움직이는 모양   (   )
20. 빛이 어두워졌다 밝아졌다 하는 모양   (   )

정답	1. 따르릉 2. 야옹야옹 3. 째깍째깍 4. 쨍그랑 5. 빵빵 6. 콜록콜록 7. 멍멍 8. 음메~ 9, 똑똑 10. 졸졸 11. 반짝반짝 12. 빙글빙글 13. 뻘뻘 14. 끄덕끄덕 15. 펑펑 16. 보글보글 17. 비틀비틀 18. 살금살금 19. 흔들흔들 20. 깜박깜박

절약하기로는 아버지를 따를 사람이 없을 거예요

21-01

한 부장 : 여기 기름 5만 원어치만 넣어 주세요.

한지원 : 아버지는 항상 5만 원씩만 기름을 넣으시던데 일부러 그러시는
거예요? 한 번 넣을 때 가득 넣는 게 편하지 않아요?

한 부장 : 편하기는 하겠지만 그렇게 하면 기름을 더 많이 쓰게 되지. 차가
무거워지면 아무래도 기름이 많이 들거든.

한지원 : 그렇군요. 하여튼 절약하기로는 아버지를 따를 사람이 없을
거예요.

한 부장 : 할 수 있는 걸 할 따름이지. 더구나 우리나라는 기름도 나지
않잖니. 조금이라도 아껴 써야지.

한지원 : 작은 것이라도 실천하는 것이 중요하다는 말씀이시죠?

한 부장 : 그런 것도 알고, 어느새 우리 딸이 많이 컸구나.

● 단어와 표현 単語と表現

□ **일부러** わざと □ **가득** いっぱい □ **들다** かかる
□ **하여튼** とにかく □ **절약하다** 節約する □ **따르다** 後を追う
□ **더구나** そのうえ □ **실천하다** 実践する □ **어느새** いつの間に

ハン部長 ： ガソリン5万ウォン分だけ入れてください。

ジウォン ： お父さんはいつも5万ウォンずつしかガソリンを入れないけど、わざとそうしているんですか。一度入れるときにいっぱいに入れるほうが楽じゃないですか。

ハン部長 ： 楽なことは楽だろうけど、そうするとガソリンをもっとたくさん使うようになるだろう。車が重くなるとどうしてもガソリンをたくさん使うんだよ。

ジウォン ： そうなんですか。とにかく節約に関してはお父さんの右に出る者はいないでしょうね。

ハン部長 ： できることをするだけだよ。そのうえ、韓国は石油も出ないだろう。少しでも大切に使わないと。

ジウォン ： 小さなことでも実践することが重要だって話でしょう？

ハン部長 ： そんなことも知っているなんて、私の娘もいつの間にかだいぶ成長したんだな。

文法

1 -지요

→ 叙述語の語幹に付いて、話者がある事実を念押し・確認したり、自身の行動を自ら念押しする意味を表す。

보기 외국어를 배운다는 건 누구한테나 어려운 일이죠.
外国語を学ぶということは誰にでも難しいことでしょう。

서로 도우면서 살아야지요. お互い助け合いながら生きないと。

이 짐은 제가 들고 가지요. この荷物は私が持っていきましょう。

2 −기로

➦ 叙述語の語幹に付いて、後行する節の「判断基準」を表す。後行する節には主に最上級を表す言葉が来る。

보기　무섭기로는 체육 선생님이 최고예요.
怖さに関しては、体育の先生が最高です。

고집이 세기로 우리 아버지를 따를 사람이 없어요.
頑固さに関しては、私の父の右に出る者はいません。

술을 잘 마시기로는 철수를 이길 사람이 없죠.
お酒をよく飲むことに関しては、チョルスに勝つ人はいないでしょう。

3 −(으)ㄹ 따름이다

➦ 不完全名詞「따름」が動詞と形容詞の連体形語尾「(으)ㄹ」の後に用いられると、「だたそれだけで、それ以上ではない」ということを意味する。先行する述語の動作や状態だけで、他のものを排除し、強調する意味となる。

보기　이 노래를 들으니 옛 추억이 떠오를 따름입니다.
この歌を聞いたら昔の思い出がただただ思い出されます。

저는 그저 그분 말씀대로 했을 따름인데 저한테 왜 그러세요?
私はただその方のおっしゃる通りにしただけなのに、私にどうしてそんなことを言うんですか。

특별한 이유가 있는 것은 아니고 좀 피곤해서 가지 않았을 따름이에요.
特別な理由があるわけではなく、ちょっと疲れたので行かなかっただけです。

1

보기

나중에 다시 전화하다

나중에 다시 전화하지요.

(1) 그렇게 하는 게 더 좋겠다

(2) 눈 깜빡할 사이에 3년이 지나갔다

(3) 여유가 없으니까 아껴 써야 하다

(4) 이 일은 제가 맡아서 해 보다

2

보기

한복에는 머리를 올리는 게 더 어울리겠다

가 : 내일 한복을 입으려고 하는데 머리는 어떻게 하는 게 좋을까요?
나 : 한복에는 머리를 올리는 게 더 어울리겠지요.

(1) 네, 열심히 하다

병태 씨는 직장 생활 잘해요?

(2) 두 가지 일을 같이 한다는 게 쉬운 일이 아니다

직장 생활을 하면서 야간 대학에 다니는데 너무 힘들어요.

(3) 네, 만능 스포츠맨이라고 할 수 있다

(3) 네, 만능 스포츠맨이라고 할 수 있다

그 사람이 운동을 아주 잘한다면서요?

(4) 네, 말씀대로 하다

일이 많아서 주말에 다들 나와야겠는데요.

3

보기

단풍이 아름답다 / 설악산을 따를 산이 없어요.

단풍이 아름답기로는 설악산을 따를 산이 없어요.

(1) 꼼꼼하다 / 마에다 씨가 최고 아닐까요?

(2) 물건이 다양하다 / 하나 백화점을 따를 백화점이 없을 거예요.

(3) 마음이 편하다 / 자기 집이 제일이죠.

(4) 계산을 잘하다 / 김 대리를 따를 사람이 없어요.

4

보기

영양가가 높다 / 우유가 최고예요.

가 : 아이들에게 먹일 간식으로 뭐가 좋을까요?
나 : 영양가가 높기로는 우유가 최고예요.

(1) 인구가 많다 / 중국을 따를 나라가 없어요.

세계에서 어느 나라 인구가 제일 많지요?

(2) 아니에요, 잘 놀다 / 상철 씨를 따를 사람이 없을걸요.

상철 씨는 모범생이라서 공부밖에 모를 거예요.

(3) 옷값이 싸다 / 동대문 시장이 제일이에요.

시장마다 옷값이 다 달라서 어느 시장이 싼지 모르겠어요.

(4) 연하다 / 안심이 제일이죠.

스테이크는 어느 부위로 만드는 게 좋을까요?

5

보기

아픈 게 아니라 조금 피곤하다

가 : 어디 아파요?
나 : 아픈 게 아니라 조금 피곤할 따름입니다.

(1) 제가 맡은 일은 최선을 다해서 하다

미영 씨는 언제나 일을 잘하시는 것 같습니다.

(2) 저도 들었어요. 5살짜리가 그렇게 외국어를 잘 한다니 놀랍다

영업부 양 과장님 아들이 신동이래요. 영어도 잘하고 중국어까지 한대요.

(3) 고집을 부리는 것이 아니라 제 생각을 말했다

왜 그렇게 고집을 부리세요?

(4) 그냥 열심히 했다

국제 대회에 처음 나가서 은메달을 땄는데 무슨 비결이라도 있나요?

단어 単語

□ 눈 깜빡할 사이 瞬きする間 □ 맡다 任される □ 만능 스포츠맨 万能スポーツマン
□ 꼼꼼하다 几帳面だ □ 최고 最高 □ 영양가 栄養価 □ 간식 間食 □ 모범생 模範生
□ 연하다 柔らかい □ 안심 ヒレ肉 □ 부위 部位 □ 놀랍다 驚きだ □ 신동 神童
□ 고집을 부리다 意地を張る □ 국제 대회 国際大会 □ 은메달 銀メダル □ 비결 秘訣

활동

돈을 어떻게 쓰십니까?

다음 문장을 읽고 화살표를 따라가 보십시오.

次の文章を読んで、矢印を追っていってみましょう。

네 ⟶
아니요 ⟶

> 3만 원짜리 피자는 3천 원짜리 떡볶이보다 10배 이상 맛있어야 한다.

> 나는 한 달에 내가 얼마나 버는지와 얼마나 쓰는지를 잘 알고 있다.

> 나는 내가 버는 돈(용돈)에서 얼마 정도를 꼬박꼬박 저축하는 편이다.

> 친구한테 빌린 돈은 약속한 날까지 갚아야 마음이 편하다.

> 살아가는 데 돈이 필요하지만, 돈이 인생의 목표가 될 수는 없다.

> 별문제가 없으면 빌린 돈을 안 갚고 지내다가 신용불량자가 돼도 괜찮다

> 옆집 차는 새로 나온 중형차이고 우리 차는 오래된 소형차이지만 그런 것에 별로 신경 쓰지 않는다.

> 택시 기본요금 거리이면 버스나 지하철로 한 번에 갈 수 있어도 택시를 탄다.

> 갖고 싶은 물건이 있으면 참지 못하고 돈이 없을 때에는 빌려서 산다.

> 한 달 동안 버는 돈(용돈)보다 많은 돈을 하루 동안에 써 본 적이 있다.

> 부자를 보면 그 사람이 어떻게 돈을 벌었는지 관심을 갖고 배우려고 한다.

> 길에서 돈을 좀 달라고 하는 불쌍한 사람을 보면 그냥 지나가지 않는다.

> 비싼 물건을 사기 전에는 항상 두 곳 이상에서 가격을 비교해 본다.

> 어려울 때에는 부모님이 도와주실 테니까 대충 일하면 된다고 생각한다.

> 내가 부자가 된다면 죽을 때 모든 재산을 내 아들딸(자식)에게 주겠다.

가 **나** **다** **라** **마** **바**

 (가) 돈을 써야할 데에 쓰는 사람이다. 돈에 관심이 많으며 빚을 지는 것(남에게 돈을 빌리는 것)을 싫어한다.

(나) 돈을 아껴 쓰는 사람이다. 돈은 목적이 아니라 수단일 따름이라고 생각하면서도 '그래도 많으면 좋지'라고 믿는다.

(다) 기분이 좋을 때는 주머니를 털어서 한턱내기도 하지만, 평소에는 꼼꼼하게 돈을 비교해 가며 쓴다. 한국사람 중에 이런 사람이 많다.

(라) 버는 돈에 맞추어 돈을 써야 한다는 생각이 별로 없다. 집이 부자여서 돈을 아껴 쓰는 편은 아니지만 그래도 자기의 인생은 스스로 책임을 져야 한다고 생각한다.

(마) 돈에 대해서 주위의 사람들에게 의존하는 사람이다. 사고 싶은 게 있으면 다른 사람에게 돈을 빌려서라도 반드시 사야 하는 사람이다.

(바) 돈이 인생에서 제일 중요하다고 생각하는 사람이다. 그러나 열심히 일을 하기 보다는 공짜 돈이 생기기를 바란다.

제22과 걷다 보니 자연과 하나가 되는 듯해요

22-01

수 지 : 까만 돌담이 아주 보기 좋아요. 다른 데서는 흔히 볼 수 없는 거죠?

친 구 : 그렇죠. 제주도가 원래 돌도 많으며 바람도 유난히 많은 섬이랍니다.
가다보면 여기저기에 돌로 쌓아 놓은 담들을 볼 수 있을 거예요.
(잠시 후 올레길 안내 표지를 보며)

수 지 : 여기에서 오른쪽으로 가라는 거죠? 올레길 안내 표시가 잘 돼
있어서 이걸 봐 가면서 따라가니까 찾기가 쉽네요.

친 구 : 자, 이제부터 산길입니다. 제주도의 낮고 부드러운 산을 마음껏
느껴 보세요.

수 지 : 이렇게 골목길이랑 산길을 걷다 보니 마음의 여유도 생기고
자연과 하나가 되는 듯해요.

친 구 : 맞아요. 차로 다니는 여행하고는 다른 점이 있죠. 직접 걸어 보지
않으면 이런 느낌은 잘 모를 겁니다.

＊올레 : '골목, 골목길'을 뜻하는 제주도 사투리

◉ 단어와 표현　単語と表現

- □ 돌담 石垣　　　　□ 흔히 よく　　　　　□ 원래 もともと　　□ 섬 島
- □ 올레길 オルレ道　□ 안내 표지 案内表示　□ 부드럽다 なだらかだ
- □ 마음껏 思い切り　□ 골목길 小路　　　　□ 자연 自然

スージー ： 黒い石垣がとても見栄えがいいですね。他のところではあまり見られない
　　　　　んですよね？

友だち ： そうですね。済州島は元々石も多く、風もよく吹く島だと言います。歩い
　　　　　ていくとあちこちに石を積んだ塀を見ることができるはずです。
　　　　　（しばらくしてオルレ道の案内表示を見ながら）

スージー ： ここから右に行けということですよね？ オルレ道の案内表示がよくでき
　　　　　ていて、これを見ながらついて行くので探しやすいですね。

友だち ： さあ、これからは山道です。済州島の低くてなだらかな山を思い切り感じ
　　　　　てみてください。

スージー ： こんな風に小路と山道を歩いているうちに、心の余裕も生まれて自然と一
　　　　　つになったようです。

友だち ： そうですね。車でまわる旅行とは違う点があるでしょう。直接歩いてみな
　　　　　いとこんな感じはよくわからないものです。

＊オルレ ：「路地、小路」を意味する済州島の方言

　문법　　　　　　　　　　　　　　　　　　　　　　　　　　　　文法

1 -(으)며

↪ 叙述語の語幹に付いて、「複数の事実を羅列したり、複数の動作や状態が同時に起こる」ことを意
味する連結語尾。主にややかたい表現や文語体に用いられる。

보기　형은 침착하고 성실하며, 동생은 활발하고 사교적이다.
　　　兄は落ち着きがあって誠実で、弟は活発で社交的だ。

　　　그 사람이 말없이 떠나며 내게 주고 간 물건이 있어요.
　　　その人が何も言わずに出て行きながら、私にくれた物があります。

　　　오며 가며 이것저것 집어 먹어서 그런지 배가 안 고파요.
　　　行ったり来たりしながらあれこれつまみ食いするからなのか、お腹がすきません。

2 −아/어 가면서

↳ 動詞の語幹と連結して、「後続する動詞の動作を続けている間に、先行する動作を断続的に行う」ことを表す。

보기 아무리 배가 고파도 물 좀 마셔 가면서 잡수세요. 체하시겠어요.
いくらお腹がすいても、水を少し飲みながら召し上がってください。消化不良を起こします。

이웃끼리 도와 가면서 살아야지요.
お隣さん同士、助け合いながら暮らさなければ。

그냥 듣지만 말고 중요한 것은 메모해 가면서 들으세요.
ただ聞いているだけではなく、重要なことはメモをしながら聞いてください。

3 −다가 보니까

↳ 動詞と一部の形容詞の語幹に連結して、前の状態や動作が続く過程で後続の事実が現れ、話者がそれに気づいたことを表す。よって後ろの動詞は未来形にはならない。「−다가」から「가」が、「−보니까」から「까」が省略される場合がある。

보기 이 동네에 오래 살다 보니 정이 들어서 이사 가기가 싫어요.
この町に長く住んでいるうちに、情が移って引っ越したくありません。

동창들이랑 연락을 하지 않다 보니 점점 멀어지는 것 같아요.
同窓生と連絡を取らないでいるうちに、少しずつ疎遠になっていくような気がします。

조 대리가 워낙 고집이 세다 보니까 주위 사람들과 부딪힐 때가 많아요.
チョ代理はとても意地っ張りなので、周りの人たちとぶつかることが多いです。

1

보기

그는 손을 흔들다 / 비행기에 올랐다.

그는 손을 흔들며 비행기에 올랐다.

(1) 기회가 있으면 또 오겠다고 하다 / 떠났어요.

(2) 남자 친구가 반지를 끼워 주다 / 청혼을 했어요.

(3) 제가 대학교에 다니다 / 안 해 본 아르바이트가 없어요.

(4) 물리치료 받다 / 약을 먹으니까 다친 데가 많이 좋아졌어요.

2

보기

중요한 것을 메모하다 / 들었습니다.

중요한 것을 메모해 가면서 들었습니다.

(1) 좀 쉬다 / 올라갑시다.

(2) 맛을 보다 / 음식을 만들었습니다.

(3) 술만 마시지 말고 안주도 먹다 / 천천히 드세요.

(4) 사전을 찾다 / 신문을 읽으니까 시간이 많이 걸려요.

3

22-04

보기

내비게이션을 보다 / 찾아갔습니다.

가 : 그 회사에 처음 가신 건데 어떻게 찾
았어요?

나 : 내비게이션을 봐 가면서 찾아갔습니
다.

(1) **쉬다 / 일하니까 그렇게 피곤하지 않아요.**

일이 많아서 힘드시지요?

(2) **여행도 좀 하다 / 공부하세요.**

한국에 와서 공부만 하니까 가끔
짜증이 나요.

(3) **여기저기 구경하다 / 돌아다녀서 그래요.**

옷 한 벌 사는 데 시간이 두 시간이
나 걸렸어요?

(4) **집안일도 하다 / 틈틈이 공부합니다.**

집안일이 많을 텐데 언제 공부하세
요?

4

22-05

보기

여기 오다 / 불이 났는지 소방차가 지
나가던데요.

여기 오다가 보니까 불이 났는지 소방차
가 지나가던데요.

(1) 집에만 있다 / 점점 게을러지는 것 같아요.

(2) 요즘 너무 바쁘다 / 식사도 제때 하기가 힘들어요.

(3) 무리하게 다이어트를 하다 / 피부도 안 좋아지더라고요.

(4) 그 사람 말을 듣다 / 기분이 나빠졌어요.

192

보기

키우다 / 마치 가족 같아요.

가 : 강아지를 무척 아끼시네요.
나 : 키우다가 보니까 마치 가족 같아요.

(1) 한국말을 배우다 / 한국 문화에 대해서도 관심이 생기더군요.

수잔 씨는 한국 문화에 대해서도 많이 아시네요.

(2) 아, 읽다 / 옛날에 읽은 책이었어요.

벌써 책을 다 읽었어요?

(3) 날씨가 너무 덥다 / 일 할 의욕이 안 나네요.

왜 그렇게 힘없이 앉아 있어요?

(4) 네, 워낙 불경기이다 / 손님이 별로 없네요.

요즘 장사가 안 되나 봐요.

단어 単語 □흔들다 振る □청혼 プロポーズ □물리치료 理学療法 □안주 おつまみ □짜증 いらだち □틈틈이 合間に □게으르다 怠ける □제때 ちょうどいい時間 □피부 肌、皮膚 □무척 非常に □의욕 意欲 □불경기 不景気

안동 하회 마을

기 섭 : 안동 하회탈을 벽에 걸어 두니까 장식으로 여간 좋지 않군요.

안토니 : 저거요? 거래처 손님한테서 받은 선물인데 안동에서 직접 사 온 건가 봐요. 그분 말에 의하면 국보로 지정된 탈이라고 하던데요.

기 섭 : 맞아요. 저도 안동 하회 마을에 한 번 가 본 적이 있는데 색다른 분위기였었어요. 그래서 더욱더 인상적이었지요.

안토니 : 저는 가 본 일은 없지만 전통이 잘 보존된 곳으로 유명하다고 들었는데 어떻게 지금까지 양반 마을이 그대로 남아 있을 수 있었을까요?

기 섭 : 강(하:河)이 근처를 돌아간다(회:回)는 의미에서 하회라는 이름이 생긴 것처럼 마을의 삼면이 낙동강으로 둘러싸여 있는 지리적 조건 때문에 전쟁 때 아무 피해도 입지 않았대요. 그래서 200여 채가 넘는 전통 가옥들이 옛날 모습을 간직할 수 있었던 거지요.

안토니 : 기섭 씨는 듣던 대로 백과사전이시네요. 어떻게 그렇게 잘 아세요?

기 섭 : 잘 알기는요. 안동에 갔을 때 들은 이야기예요.

안토니 : 시간이 나면 한번 가 볼까 하는데 하회 마을말고도 근처에 좋은 곳이 있나요?

기 섭 : 물론 있고말고요. 도산 서원이랑 안동댐도 유명해요.

안토니 : 안동 소주는 추천 안 하세요?

기 섭 : 그건 안동이 아닌 곳에서도 얼마든지 맛볼 수 있으니까 시간만 내세요.

1 안동의 하회 마을은 무엇으로 유명합니까?

2 "기섭 씨는 백과사전이시네요."의 의미는 무엇입니까?

3 '하회'라는 이름의 의미와 마을의 지리적 조건에 대해 쓰십시오.

단어 単語

□ 안동 安東 (都市名)	□ 하회 마을 河回村 （安東に位置する民俗村）	
□ 탈 お面	□ 장식 飾り	□ 여간 並の
□ 국보 国宝	□ 지정되다 指定される	□ 인상적 印象的
□ 보존되다 保存される	□ 양반 両班 （高麗時代・朝鮮時代の支配階級）	□ 삼면 三面
□ 낙동강 洛東江	□ 둘러싸이다 囲まれる	□ 지리적 地理的
□ 조건 条件	□ 전쟁 戦争	□ - 채 ～棟 （家を数える単位）
□ 가옥 家屋	□ 모습 姿	□ 간직하다 維持する
□ 백과사전 百科事典	□ 도산 서원 陶山書院 （朝鮮時代の講堂）	□ 추천 すすめる

제23과 도시가 온통 축제 분위기네요

23-01

류 징 : 어, 메구미 씨 아니세요? 여기 웬일이세요?

메구미 : 저는 출장 중입니다. 영화제 취재하러 왔어요. 류징 씨는요?

류 징 : 영화도 볼 겸 부산도 구경할 겸해서 친구하고 왔는데, 도시가 온통 축제 분위기네요.

메구미 : 금년 영화제에 볼 만한 영화들이 많던데, 표는 구하셨어요?

류 징 : 친구가 인터넷으로 예매했어요. 오전에 한 편 봤고 이따가 저녁에는 해운대에서 상영하는 영화를 볼 거예요.

메구미 : 가을 바다에서 영화를 보는 것도 색다른 맛이 있겠네요. 그런데 서울에는 언제 올라가실 건가요?

류 징 : 내일 가려고 하는데 다소 아쉽네요. 조금 더 시간을 낼 걸 그랬어요.

- **영화제** 映画祭
- **취재하다** 取材する
- **온통** すっかり全部
- **– 편** 〜編、〜本
- **축제** お祭り
- **해운대** 海雲台（釜山市にある海岸地域）
- **상영하다** 上映する
- **색다르다** 一味違う
- **맛** 味わい
- **다소** 多少
- **아쉽다** 名残惜しい

リュジン ： あ、めぐみさんじゃありませんか。どうしてここに？

めぐみ ： 私は出張中です。映画祭の取材をしに来ました。リュジンさんは？

リュジン ： 映画も観て釜山を見物するのも兼ねて友だちと来たんですが、都市がすっかりお祭りの雰囲気ですね。

めぐみ ： 今年の映画祭に見ごたえのある映画が多かったですが、チケットは買いましたか？

リュジン ： 友だちがインターネットで予約しました。午前に一本観て、あとで夕方には海雲台で上映する映画を観るつもりです。

めぐみ ： 秋の海で映画を見るのも一味ちがうんでしょうね。ところでソウルにはいつ帰るんですか。

リュジン ： 明日帰ろうと思うんですが、少し名残惜しいですね。もう少し時間を作っておけばよかったです。

文法

1 – 겸

→ 二つの名詞の間、または動詞の連体形語尾と共に用いられ、「二つの意味・目的・機能を持っている」ことを表す。動詞と結合するときは「-(으)ㄹ 겸해서」、「-(으)ㄹ 겸 -(으)ㄹ 겸해서」の形で用いられ、その文の述語（動詞）の目的が複数あることを表す。「겸해서」から「-해서」を省略できる。

보기　11시쯤 아침 겸 점심을 먹었다.
11時頃、朝食兼昼食を食べた。

머리도 식힐 겸 바람도 쐴 겸해서 교외로 나가 보려고 합니다.
頭も冷やして気晴らしするのも兼ねて、郊外に出てみようと思います。

겸사겸사해서 미국에 다녀올까 합니다.
色々な事をするのも兼ねて、アメリカに行ってこようかと思います。

2 -(으)ㄹ 만하다

↪ 動詞の語幹に結合して、「その動作をする価値がある」または「ある動作や作用が無理なく可能である」ことを表す。

> 보기　젊어 고생은 사서라도 해 볼 만합니다.
> 若いときの苦労は買ってでもする価値がある。
>
> 여행하면서 기억에 남을 만한 일은 없었습니까?
> 旅行中に記憶に残るような出来事はありませんでしたか。
>
> 그 일은 다른 사람에게 해 보라고 권할 만한 일이 아니에요.
> そのことは他の人にやってみろと勧めるほどのものではありません。

3 -(으)ㄹ걸

↪ 動詞の語幹に付いて、話者が「すでにしたことに対し、違うようにしていればよかったと後悔したり、嘆いたりする」ことを意味する終末語尾。嘆きや後悔は聞く人を前提にしないため、尊敬の意味の「-요」をつけない。聞いている人がいる場合は「그랬어」、「그랬어요」などをつけて用いることもある。

> 보기　그냥 내가 할걸. 괜히 부탁했다가 일이 더 번거롭게 됐네.
> ただ私がすればよかった。やたらに頼んで事態がもっと面倒くさくなったな。
>
> 이렇게 맛있는 게 많이 있는데 밥을 먹지 말고 올걸 그랬어요.
> こんなにおいしいものがたくさんあるのに、ごはんを食べてくるんじゃなかったです。
>
> 컴퓨터를 배워 둘걸. 일하는 데 이렇게 필요할 줄 몰랐네.
> パソコンを習っておけばよかった。仕事をするのにこんなに必要だとは知らなかったな。

1

`23-02`

보기

이방은 거실 / 서재예요.

이방은 거실 **겸** 서재예요.

공부도 하다 / 자료도 찾다 / 도서관에 다녀왔습니다.

공부도 할 **겸** 자료도 찾을 **겸해서** 도서관에 다녀왔습니다.

(1) 이건 소파 / 침대입니다.

(2) 살도 빼다 / 운동도 하다 / 테니스를 배우고 있어요.

(3) 시장 조사도 하다 / 구경도 하다 / 시장에 갔다 왔어요.

(4) 바람도 쐬다 / 맛있는 것도 사 먹다 / 교외로 나가려고 하는데요.

2

`23-03`

보기

경치도 구경하다 / 가을 기분도 느끼다 / 이번에는 기차를 이용하기로 했어요.

가 : 비행기로 가는 게 더 편하지 않아요?

나 : 경치도 구경할 **겸** 가을 기분도 느낄 **겸해서** 이번에는 기차를 이용하기로 했어요.

(1) 여기는 제 작업실 / 놀이터거든요.

선생님 작업실을 아주 재미있게 꾸며 놓으셨네요.

(2) 해수욕도 하다 / 생선회도 먹다 / 이번에는 바다로 가려고 해요.

여름휴가는 어디로 갈 거예요?

(3) 네, 돈도 벌다 / 전공도 살리다 / 시작했습니다.

영어 번역을 하고 있습니까?

(4) 공부도 더 하다 / 재충전도 하다 / 외국 유학을 생각 중이에요.

세나 씨, 회사를 그만 두신다니 섭섭해서 어쩌죠? 계속 다니지 그래요?

3

보기

유치원 아이가 듣다 / 동요 시디를 사고 싶어요.

유치원 아이가 들을 만한 동요 시디를 사고 싶어요.

(1) 이 식당에서 먹어 보다 / 음식이 뭐예요?

(2) 투자하다 / 사업을 찾고 있어요.

(3) 태훈 씨는 믿다 / 사람입니다.

(4) 그 일은 우리가 관심을 가지다 / 일은 아닙니다.

4

보기

외국인들은 한번쯤 구경하다 / 곳입니다.

가 : 인사동은 어떤 곳이에요?
나 : 외국인들은 한번쯤 구경할 만한 곳입니다.

(1) 읽다 / 책이 없어서요.

왜 책을 안 사 가지고 왔어요?

(2) 특별히 할일이 없는데, 보다 / 영화가 있으면 소개해 주세요.

주말에 뭘 할 거예요?

(3) 그래요? 요가를 배우고 있는데 배우다 / 것 같아요.

요즘 살도 빠지고 건강해지신 것 같아요.

(4) 좀 힘들었지만 젊었을 때 해 보다 / 일 이었어요.

작년에 해외 봉사 활동을 갔다 왔다면서요? 힘들었겠네요.

5

보기

지하철을 타다

지하철을 탈걸.

(1) 날씨가 꽤 추운데 두꺼운 옷을 입고 오다

(2) 신용카드 요금이 너무 많이 나왔네. 꼭 필요한 것만 사다

(3) 여드름을 짜지 말다

(4) 지석 씨한테 그 말을 하지 말다

6

없는데, 갖고 오다

가 : 어머, 비가 오네. 혹시 우산 있어?
나 : 없는데, 갖고 올걸 그랬어요.

(1) 그래요? 아까 교통경찰한테 물어 보다

우리가 찾는 건물을 지나온 것 같은데요.

(2) 맞아. 딴 거 보다

이 영화 되게 재미없지?

(3) 값이 내릴 때까지 기다리다

요새 컴퓨터 가격이 많이 내렸대요.

(4) 이럴 줄 알았으면 점심 먹지 말다

마침 잘 오셨네요. 제가 만두를 만들었는데 같이 먹어요   .

단어 単語
□서재 書斎　□교외 郊外　□작업실 作業室　□해수욕 海水浴　□생선회 魚の刺身　□전공 專攻
□재충전 リフレッシュ　□섭섭하다 さみしい　□동요 童謡　□투자하다 投資する
□인사동 仁寺洞　□여드름을 짜다 ニキビをつぶす　□마침 ちょうど

202

듣기

リスニング

1 듣고 맞는 그림을 고르십시오. 23-08
音声を聞いて合う絵を選びなさい。

①

②

③

④

2 듣고 맞으면 ○, 틀리면 × 하십시오. 23-09
聞いた内容と同じならば○、異なれば×を記入しなさい。

(1) 지금 이 사람들은 해 뜨는 것을 보며 이야기하고 있습니다. ▢

(2) 두 사람은 1월 1일 아침에 해 뜨는 것을 보았습니다. ▢

(3) 오기 전에 다른 친구들에게도 같이 가자고 했습니다. ▢

(4) 날씨가 흐리고 좋지 않았습니다. ▢

(5) 해 뜨는 것을 보려고 밖에서 오래 기다렸습니다. ▢

3 듣고 질문에 대답하십시오. 音声を聞いて質問に答えなさい。 23-10

(1) 들은 내용에 있는 것을 2개 이상 고르십시오. ▢

① 춘천의 날씨 ② 춘천에 같이 간 친구 소개

③ 춘천까지의 교통수단 ④ 춘천 여행을 하는 데 든 비용

⑤ 춘천 여행을 갔다 온 후의 생각

(2) 이 사람이 춘천에서 간 곳을 차례대로 고르십시오.

① 식당 ② 절 ③ 호수 ④ 박물관

제24과 대도시 한가운데로 큰 강이 흐르고 있는 게 신기해요

24-01

바 투 : 한강변에 오면 공기가 다른 것 같아요. 서울 같은 대도시
한가운데로 이렇게 큰 강이 흐르고 있는 게 신기해요.

친 구 : 그래요? 우리는 항상 봐서 그런지 그런 생각을 별로 안 해
봤는데…….

바 투 : 강도 아름답고 운동장이며 산책로며 주위를 잘 꾸며 놓은 것도
마음에 들어요. 여기 외에도 한강에 공원이 많다던데 가 보셨어요?

친 구 : 아니요, 오히려 서울에 사는 사람들이 잘 모르는 것 같아요.

바 투 : 날씨도 좋은데 이렇게 앉아서 얘기만 할 게 아니라 유람선이라도
타러 갈까요? 지난번에 타려다가 시간이 안 맞아서 못 탔잖아요.

친 구 : 그럴까요? 저쪽에 매표소가 있던데 그리로 가 봅시다.

◉ **단어와 표현** 単語と表現

- □ **한강변** ハンガン 漢江沿い
- □ **흐르다** 流れる
- □ **꾸미다** 作る、飾る
- □ **유람선** 遊覧船

- □ **대도시** 大都市
- □ **신기하다** 不思議だ
- □ **– 외에도** 〜以外にも
- □ **매표소** チケット売り場

- □ **한가운데** ど真ん中
- □ **산책로** 散策路
- □ **오히려** むしろ

バトゥ ： 漢江沿いに来ると空気が違う気がします。ソウルのような大都市のど真ん中
にこんなに大きな河が流れているのが不思議です。

友だち ： そうですか。私たちはいつも見ているからか、そういうことはあまり考えて
みたことがないんですが……。

バトゥ ： 河も美しいし、運動場に散策路に、周囲もきれいに作ってあるところも気に
入っています。ここ以外にも漢江に公園が多いと聞いたんですが、行ったこ
とがありますか。

友だち ： いいえ、むしろソウルに住んでいる人はよく知らないみたいです。

バトゥ ： 天気もいいですし、こうして座って話をするだけではなくて、遊覧船にでも
乗りにいきましょうか。前回乗ろうとしたけれど、時間が合わなくて乗れな
かったでしょう。

友だち ： そうしましょうか。あっちにチケット売り場があったので、そこに行ってみ
ましょう。

文法

1 –(이)며

→ 複数の物事や事実を列挙、羅列するときに用いる接続助詞。羅列された名詞がたくさんあるという
印象を与えるとともに、それ以外にももっとある可能性があることを意味する。

보기　공공요금이며, 생필품 값이며 모두 많이 올랐습니다.
公共料金に生活必需品の値段、全部とても上がりました。

환갑잔치에 가족들이며 친척들이며 어쩌면 그렇게 많이 모였어요?
還暦のお祝いに、家族に親戚、どうやってそんなにたくさん集まったんですか。

공부하는 거며 숙제하는 거며 나무랄 데가 없는 학생이에요.
勉強するにしても宿題するにしても、非の打ち所のない学生です。

2 −(으)ㄹ 게 아니라

↳ 話者が相手に、前の動作よりも後ろの動作がもっといいことを伝える表現。

> **보기** 그렇게 나쁘게만 생각할 게 아니다.
> そんなに悪く考えるもんじゃない。
>
> 가만히 있을 게 아니라 무슨 대책이라도 세워야겠다.
> じっとしているんじゃなくて、何か対策でも立てなければならなさそうだ。
>
> 도둑이 들어왔었다고? 그럼 이러고 있을 게 아니라 어서 경찰에 신고하자.
> 泥棒が入ってきたって？　じゃあ、こうしているんじゃなくて、早く警察に通報しよう。

3 −(으)려다가

↳ 「先行する節の動作をしようとしたが、意図とは違い後行する節の動作に変わった」という意味を表す。

> **보기** 그는 뭔가 말을 하려다가 그만두는 눈치였어요.
> 彼は何か言おうとしたが、やめた様子だった。
>
> 레슬링 경기 도중 한 선수가 상대편 선수를 쓰러뜨리려다가 오히려 자기가 쓰러졌습니다.
> レスリングの競技の途中、一人の選手が相手側の選手を倒そうとしましたが、むしろ自分が倒れました。
>
> 갑자기 날씨가 추워져서 꽃이 피려다 말았다.
> 急に寒くなって花が咲きそうになったが、咲かなかった。

1

보기

이 옷은 색깔 / 디자인 / 가격까지 다 마음에 들어요.

이 옷은 색깔이며 디자인이며 가격까지 다 마음에 들어요.

(1) 요즘 아이들은 영어 / 운동 / 악기 / 배우는 게 얼마나 많은지 몰라요.

(2) 외국어를 할 때는 발음 / 억양 / 신경을 쓸 게 많아요.

(3) 결혼 준비를 하는데 가구 / 전자제품 / 선물 / 준비할 게 한두 가지가 아니에요.

(4) 저 가수는 노래 / 춤 / 스타일 / 모두 완벽한 것 같아요.

2

보기

장보는 거 / 청소하는 거 / 얼마나 일이 많다고요.

가 : 손님 몇 분 초대해 놓고 하루 종일 준비하세요?

나 : 장보는 거며 청소하는 거며 얼마나 일이 많다고요.

(1) 말씨 / 웃는 모습 / 어머니를 많이 닮았어요.

효주를 보면 돌아가신 효주 어머님 생각이 나요.

(2) 집 / 땅 / 부모한테서 물려받은 재산이 많다나 봐.

그 사람이 대단한 부자라면서?

(3) 그러네요. 모양 / 기능 / 구 모델보다는 훨씬 좋아졌는데요.

이 스마트폰 예쁘죠? 나도 하나 사고 싶어요.

(4) 생각하는 거 / 좋아하는 거 / 너무 맞지 않아서요.

영철 씨랑 왜 헤어졌어요?

3

보기

기다리고만 있다 / 나가서 아이를 찾아봅시다.

기다리고만 있을 게 아니라 나가서 아이를 찾아봅시다.

(1) 책장을 여기 놓다 / 거실에 내놓는 게 나을 것 같은데…….

(2) 인터넷만 뒤지다 / 직접 가서 알아보는 게 어때요?

(3) 동네 병원만 다니다 / 큰 병원으로 가야 되는 거 아니에요?

(4) 우리끼리만 걱정하다 / 다른 사람들에게 도움을 청하는 게 어때요?

4

보기

여기에서 이러고만 있다 / 저쪽에 가서 사진이라도 찍읍시다.

가 : 여기는 벚꽃 구경하는 사람이 너무 많네요.
나 : 여기에서 이러고만 있을 게 아니라 저쪽에 가서 사진이라도 찍읍시다.

(1) 이렇게 얘기만 하다 / 이번 주말에 등산을 가는 게 어때요?

요즘 꽃이 많이 피어서 산에 가면 경치가 좋을 것 같아요.

(2) 이러고 있다 / 빨리 구급차를 부릅시다.

아무래도 너무 배가 아파요. 맹장염인 것 같아요.

(3) 집에서 구경만 하다 / 나가서 눈사람이라도 만들어 보자

밖을 좀 봐. 눈이 펑펑 쏟아지네.

(4) 우리끼리 하다 / 다른 부서에 도움을 청해야겠군.

부장님, 거래처에서 주문이 얼마나 많이 들어왔는지 몰라요. 어떻게 하죠?

5

24-06

보기

주차비 아끼다 / 오히려 돈을 더 쓰게 됐구나.

가 : 주차비 아끼려고 차를 길에 세워 놓았다가 벌금을 내게 됐어요.
나 : 주차비 아끼려다가 오히려 돈을 더 쓰게 됐구나.

(1) 너 살 빼다 / 병난다. 먹어 가면서 해라.

난 다이어트 중이라서 안 먹을래요.

(2) 웬걸요, 도와 드리다 / 오히려 폐만 끼쳤어요.

김 선생님 이사하는 데 가서 많이 도와 드렸어요?

(3) 혹 떼다 / 혹 붙이고 왔구나.

친구한테 도와 달라고 부탁하러 갔다가 내가 친구 일을 돕게 됐어요.

(4) 일찍 오다 / 더 늦었군요.

늦을까 봐 택시 탔는데 택시도 안 잡히고, 길도 막히고…….

단어 単語

□악기 楽器 □억양 イントネーション □완벽하다 完璧だ □장보다 買い物をする
□물려받다 譲り受ける □재산 財産 □나무라다 とがめる □책장 本棚 □뒤지다 あさる
□청하다 請う □벚꽃 桜 □맹장염 盲腸炎 □펑펑 こんこん (雪がたくさん降る様子)
□쏟아지다 降りそそぐ □부서 部署 □주차비 駐車代 □폐를 끼치다 迷惑をかける
□혹 こぶ □떼다 取る

이럴 때 어떻게 하시겠습니까?

다음과 같은 일이 일어나면 어떻게 하시겠습니까? 이야기해 봅시다.

次のようなことが起こったらどうしますか？ 話してみましょう。

(1) 중국집에 짜장면을 시켰는데 배달원이 짬뽕을 가져왔습니다.
 (참고 : 짜장면은 6,000원, 짬뽕은 8,000원입니다.)

(2) 친구가 당신이 아끼는 카메라를 하루만 빌려 달라고 합니다.

(3) 길에서 어떤 사람이 당신을 알아보고 반가워하는데, 당신은 전혀 생각이 나지 않습니다.

(4) 당신이 마음으로 좋아하고 있는 사람이 당신에게 여자 친구나 남자 친구를 소개 시켜 주겠다고 합니다.

(5) 지하철에서 당신과 똑같은 옷을 입은 사람을 보았습니다.

(6) 주식에 대해서 잘 모르는데, 요즘 주식 값이 오르고 너도나도 주식에 투자합니다. 얼마 전 적금이 끝나서 당신에게 목돈이 생겼습니다.

(7) 남자 친구 지갑에 전에 사귀던 여자 친구 사진이 있는 것을 보았습니다.

(8) 당신의 아이가 당신 지갑에서 몰래 돈을 조금씩 가지고 가는 것을 알았습니다.

(9) 당신이 열심히 준비한 보고서를 과장님이 자신이 쓴 거라고 부장님께 말한 것을 알았습니다.

(10) 병원에서 건강 검진을 받았습니다. 의사 선생님이 큰 병에 걸려서 앞으로 3개월만 살 수 있다고 합니다.

韓国の行政区域

　大韓民国の全地域は１つの特別市（ソウル）、６つの広域市（釜山・仁川・大邱・光州・大田・蔚山）、１つの特別自治市（世宗）、８つの道（京畿・江原・忠清北・忠清南・全羅北・全羅南・慶尚北・慶尚南）、１つの特別自治道（済州）に分けられる。市は区／郡に、道は市／郡に、区は洞に、郡は邑／面に、邑／面は里に分けられる。以下は韓国の行政区域である。

서울특별시
경기도
강원도
충청북도
충청남도
경상북도
전라북도
경상남도
전라남도
제주도

제**25**과 편히 살려고 만든 것들이 문제를 만드는군요

현재 오존 주의보 발령 중
공기 중 미세먼지 농도 96.4mg/m³
시민들은 외출을 자제해 주십시오.

🔘 25-01

수　지 : 저기 전광판에 현재 오존주의보가 발령됐다는 안내문이 나오네요.

이 대리 : 오늘 날씨가 더운 데다가 바람도 별로 없잖아요. 보통 이런 날
　　　　　그러더라고요.

수　지 : 공기 중에 오존이 많아지는 게 대부분 자동차 배기가스 탓이라고
　　　　　하던데 도로에 차가 되게 많기는 많네요.

이 대리 : 그 말을 들으니 자동차에서 에어컨까지 켜고 있는 게 왠지
　　　　　미안한데요. 우리 에어컨 끄고 창문 활짝 열까요?

수　지 : 이럴 때에는 건강에 안 좋을까 봐 될 수 있으면 외출도 하지
　　　　　말라고 하는데 창문을 열면 어떻게 해요?

이 대리 : 참, 그렇죠. 편히 살려고 만든 것들이 오히려 새로운 문제를
　　　　　만드는군요.

◉ **단어와 표현** 単語と表現

- □ **전광판** 電光掲示板
- □ **발령되다** 発令される
- □ **활짝** 大きく
- □ **새롭다** 新しい
- □ **현재** 現在
- □ **배기가스** 排気ガス
- □ **외출하다** 外出する
- □ **오존주의보** オゾン注意報
- □ **되게** とても
- □ **편히** 楽に

スージー ： あそこの電光掲示板に、現在オゾン注意報が発令されたという案内文が出ていますね。

イ代理 ： 今日は暑いうえに風もあまりないでしょう。普通こんな日はそうなんです。

スージー ： 空気中にオゾンが多くなるのは、大部分が自動車の排気ガスのせいだそうですが、道路に車がずいぶん多いと言えば多いですね。

イ代理 ： そう言われると、自動車でエアコンまでつけているのが何だか申し訳ないんですが。私たち、エアコンを消して窓を大きく開けましょうか。

スージー ： こういうときは健康によくないんじゃないかと。できれば外出もするなと言うのに窓を開けてどうするんですか。

イ代理 ： ああ、そうですね。便利に暮らそうと作った物がむしろ新しい問題を生むんですね。

 文法

1 - 탓

→ 名詞の後や述語の連体形語尾「-(으)ㄴ/는」の後に用いられ、ある事の「原因」になることを表す。「- 덕분에」（『中級1』第21課文法参照）が主に肯定的に作用する原因を表すのに対し「탓」は主に否定的に作用する原因を表すときに用いられる。

보기 날씨 탓인지 요즘은 통 입맛이 없어요.
天気のせいか最近はさっぱり食欲がありません。

제가 부족한 탓에 일이 이렇게 된 것 같아요.
私が至らないせいでこうなってしまったようです。

'잘되면 내 탓, 잘못되면 조상 탓'이라고 생각하는 사람이 있다.
「うまくいけば自分のせい、うまくいかなければ先祖のせい」と考える人がいる。

2　-(으)ㄹ까 봐서

➥ 「考える」、「推測する」の意味を持つ「보다」が「-(으)ㄹ까 봐서」の形で用いられると、前の述語の動作や状態が起こることを心配して後行する節の行為をすることを意味する。「서」が省略されることが多く、先行する節は否定的だったり望まない内容になる。

> 보기　우리 아이가 어제 입학시험을 보았는데 떨어질까 봐 걱정이에요.
> うちの子どもが昨日入学試験を受けたんですが、落ちるんじゃないかと心配です。
>
> 제시간에 도착하지 못할까 봐서 택시를 탔어요.
> 時間通りに到着できないんじゃないかと思ってタクシーに乗りました。
>
> 겉으로는 괜찮은데, 혹시 머리가 다쳤을까 봐 사진을 찍어 봤어요.
> 見た目では大丈夫ですが、もしかしたら頭を怪我したんじゃないかと思って（レントゲン）写真を撮ってみました。

3　-(으)면 어떻게 해요?

➥ 叙述語の語幹に付いて、相手や他人の行動や言葉に対し、そうしてはいけないという「怒り、叱責」の意味を表す。またある状態や動作に対する「不満」を表す場合もある。

> 보기　11시 비행기인데 지금 오면 어떻게 해요?
> 11時の飛行機なのに、今来てどうするんですか。
>
> 그분은 그렇게 자주 약속을 지키지 않으면 어떻게 해요?
> その方はそうやって頻繁に約束を守らないで、どういうつもりなんでしょう。
>
> 어제까지는 된다고 하고서 지금 안 된다고 하면 어떻게 해요?
> 昨日までは大丈夫だと言っておきながら、今になってだめだと言うなんてどういうつもりなんですか。

1

감기약 / 자꾸 졸려요.

감기약 **탓에** 자꾸 졸려요.

제가 바빠서 신경을 쓰지 못했다
/ 아이가 폐렴에 걸렸어요.

제가 바빠서 신경을 쓰지 못한 **탓에** 아이
가 폐렴에 걸렸어요.

(1) 저 가수는 노래는 잘하는데 외모 / 인기가 없는 것 같아요.

(2) 그 사람은 성격이 급하다 / 손해를 볼 때가 많아요.

(3) 우리 집에는 딸이 없다 / 재미가 없어요.

(4) 무리해서 운동을 했다 / 여기저기 아파요.

2

위치가 좋지 않다
/ 손님이 별로 없어요.

가 : 저 가게는 장사가 잘 안 되는 것 같
아요.

나 : 위치가 좋지 않은 **탓에** 손님이 별로
없어요.

(1) 지난번 시험이 어렵다 / 학생들 성적이 안 좋았어요.

학생들이 성적이 나쁘네요.

(2) 성격이 내성적이다 / 친구가 없어요.

창훈이는 늘 혼자 노는 것 같아요.

(3) 네, 규정이 자주 바뀌다 / 혼란을 겪고 있습니다.

운전면허 시험 규정이 또 바뀌었습니까?

(4) 일이 많다 / 시간을 내기가 어렵네요.

요즘은 왜 운동하러 안 가세요?

3

보기

아이가 유리병을 만지다 / 치워 놓았어요.

아이가 유리병을 만질까 봐 치워 놓았어요.

(1) 사실대로 말하면 야단을 맞다 / 거짓말을 했어요.

(2) 장사가 잘 되지 않다 / 걱정이에요.

(3) 들으면 기분이 나쁘다 / 말하지 않았어요.

(4) 어제 이 책을 선물로 사면서, 재호 씨가 이 책을 샀다 / 걱정했어요.

4

보기

저는 잊어버리다 / 다 적어 놓아요.

가 : 메모를 열심히 하시는군요.
나 : 저는 잊어버릴까 봐 다 적어 놓아요.

(1) 무서운 장면이 나오다 / 떨려서 못 보겠어요.

영화를 보다가 왜 나가세요?

(2) 나갔다 오는 사이에 비가 오다 / 닫아 놓는 거예요.

잠깐 나가는데 왜 창문까지 닫으세요?

(3) 아이가 깨다 / 낮추어 놓았어요.

왜 전화 소리를 낮추어 놓았어요?

(4) 그래, 떨어졌다 / 좀 가져왔다.

어머니, 아직 밑반찬이 남았는데 또 가져오셨어요?

5

보기

난 아직 보지도 않았는데 버리다

가 : 지난주에 온 우편물은 버렸는데요.
나 : 난 아직 보지도 않았는데 버리면 어떻게 해요?

(1) 같이 하기로 하고서 중간에 포기하다

미안하지만, 저는 아무래도 포기해야겠어요.

(2) 비밀이라고 했는데 금방 말해 버리다

제가 현주 씨한테 말했는데요.

(3) 불고기에다 설탕을 안 넣다

불고기 양념에 설탕을 안 넣었어요.

(4) 이렇게 복잡한 길에서 차를 막고 있다

저 앞에서 음주 운전 단속을 하는데요.

단어 単語
□폐렴 肺炎 □인기 人気 □손해 損害 □위치 位置 □내성적 内気 □규정 規定 □혼란 混乱
□겪다 経験する □장면 場面 □떨리다 震える □깨다 目を覚ます □막다 せき止める
□음주 운전 飲酒運転 □단속 取り締まり

한국의 동전

지금 주머니 속에 동전이 몇 개쯤 들어 있습니까? 거스름돈으로 받기도 하고, 자동판매기에서 음료수를 마시려고 하루에도 몇 번씩 나왔다가 들어갔다가 하는 동전들. 없어서는 안 될 필수품인데도 사용되는 횟수에 비해서는 사람들의 관심을 끌지 못합니다. 여러분은 어떠신가요? 지금이라도 지갑 속의 동전을 꺼내서 한번 살펴봅시다.

10원짜리 동전에 있는 그림은 불국사에 있는 국보 제20호인 다보탑입니다. 다보탑의 부드러운 선 안에 건강과 행복을 바라는 마음이 들어 있습니다.

한국은 쌀이 주식인 나라입니다. 쌀알이 보기 좋게 달려 있는 50원짜리 동전의 그림은 풍년을 기원하는 농부의 마음일 겁니다.

100원짜리 동전에는 거북선을 만들었던 이순신 장군의 얼굴이 있습니다. 나라를 사랑했던 그분의 충성심을 동전 속에 새겨 두었습니다.

500원짜리 동전의 그림은 행운의 새인 학입니다. 예전에는 흔히 볼 수 있었지만 요즘은 천연기념물로 보호받고 있지요. 이 안에는 자연을 사랑하는 마음과 희망이 들어 있습니다.

이 외에도 거북선 그림의 5원짜리 동전과 무궁화 그림의 1원짜리 동전도 있는데 요즘은 거의 사용되고 있지 않습니다.

1 관계있는 것끼리 연결하십시오.

(1) 10원짜리 동전 ・　　　　　・씰　　　　　　　・나라를 사랑하는 마음

(2) 50원짜리 동전 ・　　　　　・다보탑　　　　　・건강과 행복을 바라는 마음

(3) 100원짜리 동전・　　　　　・학　　　　　　　・자연을 사랑하는 마음과 희망

(4) 500원짜리 동전・　　　　　・이순신 장군　　　・풍년을 기원하는 마음

2 여러분 나라의 동전을 가지고 와서 보여 주고 이야기해 보십시오.

단어 単語

□ 자동판매기 自動販売機
□ 살피다 じっくり見る
□ 쌀알 米粒
□ 농부 農民
□ 이순신 장군 李舜臣将軍 （朝鮮時代の武臣）
□ 새기다 刻む
□ 흔히 よく
□ 희망 希望

□ 필수품 必需品
□ 다보탑 多寶塔 （佛国寺にある石塔）
□ 풍년 豊作
□ 거북선 亀甲船
□ 충성심 忠誠心
□ 행운 幸運
□ 천연기념물 天然記念物
□ 무궁화 ムクゲ （無窮花、韓国の国花）

□ 횟수 回数
□ 주식 主食
□ 기원하다 祈願する

□ 학 鶴
□ 보호하다 保護する

우리끼리라도 벼룩시장을 열어 보는 건 어때요?

제**26**과

🔘 26-01

수 지 : 제 친구가 갑자기 귀국하는 바람에 가지고 있던 물건들을
정리하려고 하는데 혹시 옷장이나 침대 필요하지 않아요?

류 징 : 그렇지 않아도 옷장이 하나 있었으면 좋겠다고 생각했는데, 마침
잘됐네요. 하지만 제가 가져다 써도 될까요?

수 지 : 그럼요. 괜찮다니까요. 필요한 사람을 찾아서 제 친구도 좋아할
거예요.

류 징 : 그런가요? 제가 가지고 있는 물건 중에도 안 쓰는 게 있는데 이
기회에 우리 친구들끼리라도 벼룩시장을 열어 보는 건 어때요?

수 지 : 좋은 생각이에요. 누구에게나 그런 물건이 한두 개쯤 있을 테니까.
미국에서도 그런 데 가 보면 의외로 괜찮은 물건이 많았어요.

류 징 : 요즘 사람들이 쓸 만한 것도 막 버려서 아까울 때가 많았는데
이렇게 서로 나눠쓸 수 있는 기회가 많아졌으면 좋겠어요.

◎ 단어와 표현 単語と表現

□ **정리하다** 整理する　　□ **마침** ちょうど　　□ **잘되다** うまくいく
□ **벼룩시장** 蚤の市　　□ **의외로** 以外に　　□ **막** 手当たり次第に

スージー ： 私の友だちが急に帰国するせいで持っていた物を整理しようとしているんですが、もしかしてタンスやベッドはいりませんか。

リュジン ： ちょうどタンスが１つあったらいいなと思っていたんですが、ちょうどよかったです。でも私が持っていって使ってもいいんでしょうか。

スージー ： もちろんです。大丈夫ですってば。必要な人が見つかって、私の友達も喜ぶと思います。

リュジン ： そうでしょうか。私が持っている物の中にも使わないものがあるんですが、この機会に私たちの友だちだけでもフリーマーケットを開いてみるのはどうですか。

スージー ： いい考えですね。誰にでもそういう物は１つや２つあるでしょうから。アメリカでもそういう所に行ってみると意外といい物が多かったです。

リュジン ： 最近の人たちは使えるものも手当たり次第に捨てるのでもったいないと思うときが多かったんですが、こうしてお互いに分け合って使える機会が増えればいいと思います。

 文法

1 　–는 바람에

➡ 不完全名詞「바람」が動詞の連体形語尾「-는」の後に用いられ、先行する節が原因になり後行する節の結果が現れたとき用いる。主に「予期していなかった原因」でその結果になった際に用いる。

보기　태풍이 오는 바람에 낚시하러 못 갔어요.
　　　台風が来たせいで釣りをしに行けませんでした。

　　　시계가 울리지 않는 바람에 회사에 지각했어요.
　　　時計が鳴らなかったせいで会社に遅刻しました。

　　　아이가 우는 바람에 제가 정신이 없어서 가방을 버스에 놓고 내렸어요.
　　　子どもが泣いたせいであたふたしていて、カバンをバスにおいて降りました。

2 -아/어다가

↳ 動作を表す動詞の語幹に結合して、行為者が前の行動をしたあとに、その行動の結果物を持って他の場所へ行き、「関連のある動作を続けざまに行う」ことを意味する。よって前後の動作が起こる場所は異なり、主語は同じとなる。「가」が省略された「-아/어다」の形だけでも用いられる。

보기 냉장고에 있는 과일을 꺼내다가 깎아 드세요.
冷蔵庫にある果物を出して皮をむいて召し上がってください。

산에서 꽃을 꺾어다가 방에 꽂았습니다.
山で花を摘んで部屋に活けました。

누가 아침마다 아이를 어린이집에 데려다 줘요?
誰が毎朝子どもを保育園に連れていくんですか。

3 -다니까요

↳ 間接話法「-다고 하다」に「-니까요」が結合した形で、「고 하」が省略されたもの。相手の反応がなかったり、はっきりしないので話者が自身の考えや意見を再び強調するときに用いる。間接話法の様々な形が用いられる。

보기 금방 시작한다니까요.
すぐ始めますってば。

어제는 아파서 도저히 갈 수 없었다니까요.
昨日は具合が悪くてどうしても行けなかったんですってば。

약속하신 대로 해 달라니까요.
約束された通りにしてくださいってば。

1

26-02

보기

위에서 물건이 떨어지다 / 다리를 다쳤습니다.

위에서 물건이 떨어지는 바람에 다리를 다쳤습니다.

(1) 정전이 되다 / 어젯밤에 공부하지 못했습니다.

(2) 부모님이 이혼하다 / 아이들이 헤어져 살게 됐어요.

(3) 비행기가 연착되다 / 약속 시간에 늦었습니다.

(4) 그 선수가 부상을 당하다 / 중요한 경기에 나가지 못했어요.

2

26-03

보기

사고는 아니고 버스가 갑자기 서다 / 넘어졌어요.

가 : 버스 사고가 있었어요?
나 : 사고는 아니고 버스가 갑자기 서는 바람에 넘어졌어요.

(1) 아니요, 갑자기 배탈이 나다 / 못 갔어요.

지난번 동창회에 갔다 왔어요?

(2) 급한 일이 생기다 / 그렇게 되었습니다.

갑자기 계획을 취소하면 어떻게 합니까?

(3) 아니요, 자동차가 고장 나다 / 고속버스로 갔다 왔어요.

시골에 갈 때 직접 운전해서 갔다 오셨어요?

(4) 네, 대기업에서 부도가 나다 / 중소기업들이 피해를 많이 봤어요.

요즘 신문을 보면 중소기업들이 어려운가 봐요.

3

보기

수박을 사다 / 먹읍시다.

수박을 사다가 먹읍시다.

(1) 도서관에서 책을 빌리다 / 읽었습니다.

(2) 쟁반 좀 가지다 / 주시겠어요?

(3) 자동판매기에서 커피를 뽑다 / 드릴까요?

(4) 은행에서 돈을 찾다 / 하숙비를 내려고 합니다.

4

보기

이 자료 10장씩 복사하다 / 스테이플러로 찍어 주시겠어요?

가 : 이 대리님, 바쁘신 것 같은데 뭐 좀 도와 드릴까요?

나 : 이 자료 10장씩 복사해다가 스테이플러로 찍어 주시겠어요?

(1) **그럼 슈퍼에서 사다 / 끼워야겠네요.**

형광등이 깜빡깜빡하네요.

(2) **그럼 빨리 찾다 / 입으세요.**

양복을 세탁소에 맡겼는데…….

(3) **생수를 사다 / 마시고 있어요.**

식수는 뭐로 하세요?

(4) **가지다 / 부장님 책상 위에 놓으세요.**

보고서를 다 썼는데 어떻게 할까
요?

5

26-06

보기

여기는 출입 금지 구역이다

가 : 이쪽으로 해서 가면 안 돼요?
나 : 여기는 출입 금지 구역이라니까요.

(1) **몇 번이나 말했잖아요. 정미 씨는 지금
여기 없다**

정미 씨한테 꼭 할 얘기가 있으니까
좀 바꿔 주세요.

(2) **저도 모르다**

아실 텐데 왜 안 가르쳐 주시는 거예
요?

(3) **그렇게 멀지 않다**

걸어서 15분이나 걸리면 택시로 갑
시다.

(4) **보호자가 아니면 면회가 안 되다**

그냥 보기만 할 테니까 환자를 한
번만 만나게 해 주세요.

단어 単語　　□다치다 怪我する　□정전 停電　□연착되다 到着が遅れる　□당하다 負う、被る
□경기 競技　□고속버스 高速バス　□중소기업 中小企業　□쟁반 おぼん　■복사하다 コピーする
□스테이플러 ホチキス　□끼우다 はめる　□형광등 蛍光灯　□깜빡깜빡하다 ちかちかする
□생수 ミネラルウォーター　□식수 飲み水　□출입 금지 立入禁止　□구역 区域　□면회 面会

듣기

1 듣고 관계있는 말을 골라 쓰십시오.

音声を聞いて関係がある単語を四角の中から選んで書きなさい。 26-07

> 쓰레기문제　　대기오염　　수질오염　　자연에너지　　지구 온난화

(1) _____

(2) _____

(3) _____

2 듣고 질문에 대답하십시오.　音声を聞いて質問に答えなさい。 26-08

(1) 듣고 맞으면 ○, 틀리면 × 하십시오.

① 지구에 사는 인구가 옛날에 비해 많이 늘어났다.　　

② 사람들은 먹기 위해 많은 동물들을 키우고 있다.　　

③ 동물들을 키울 때 많은 양의 곡식이 필요하지 않다.　　

④ 사람들은 점점 고기를 먹지 않고 있다.　　

(2) 식량 문제를 해결하기 위해서 어떻게 해야 합니까?

① 곡식을 먹지 않는다.　　　　　　② 더 많은 동물을 키운다.

③ 고기를 먹지 않는다.　　　　　　④ 식량을 더 잘 보관한다.

3 듣고 이어지는 말을 고르십시오.　音声を聞いて続く答えを選びなさい。 26-09

(1)

① 같이 가게 되는 바람에 더 재미있었어요.　　② 같이 가자고 할 걸 그랬네요.

③ 그렇게 하면 어떻게 해요?　　　　　　　　④ 모를까 봐서 얘기해 주려고요.

(2)

① 정말 여긴 멋있는 건물들을 지을 만한 곳이야.

② 이런 숲들이 없어지는 바람에 건물을 지을 따름이지.

③ 자연을 함부로 대하면 그 피해는 우리에게 오기 마련일 텐데.

④ 역시 기분전환하기에는 여행을 따를 게 없는 것 같아.

ごみの分別

韓国ではごみを一般ごみ、リサイクルごみ、生ごみに分け、指定された時間に指定された場所に捨てる。

一般ごみ：「従量制袋」（大きさによって値段が異なる）を買って、その袋に入れて捨てる。

リサイクルごみ：紙、プラスチック、ポリエステル、ガラス瓶、リサイクル可能なビニール、アルミ缶、くず鉄類に分けて捨てる。最近は公共の場にも分別して捨てられるようにごみ箱が用意されている。

生ごみ：生ごみ用従量制袋に入れて捨てる。生ごみ入れがある公共住宅の場合、そこに捨てる。

家具・家電製品：洞の役所（○○洞住民センター）に行き、捨てる家具の大きさに合わせたチケットを購入する。そのチケットを家具に貼り付け収集場所へ出しておく。

引っ越しした後はその町のごみ捨て場、収集日などを確認しておく必要がある。

제**27**과 햇빛을 이용해서 전기를 만드는 거 말이에요

27-01

한 부장 부인 : 저기 있는 집들 지붕 위의 반짝이는 판들이 뭐니?

지 원 : 아, 저거요? 태양광 발전 시설 아니에요? 햇빛을 이용해서
전기를 만드는 거 말이에요. 요즘 다니다가 보면 종종
보이던데.

한 부장 부인 : 태양광 발전? 나는 그냥 햇빛을 가리는 시설인 줄 알았는데.

지 원 : 환경을 생각하면 앞으로는 태양 에너지뿐만 아니라 다른
자연 에너지를 더 많이 이용해야 한다잖아요.

한 부장 부인 : 오다가 보니까 건물을 짓고 도로를 만드느라고 여기저기
산을 깎아 놓아서 걱정이 됐는데 이런 노력들도 하고 있다니
좀 안심이 되네.

지 원 : 자연을 함부로 다루면 언젠가 그 피해는 사람에게 돌아오기
마련이라는데, 자연하고 사람이 같이 잘 살 수 있는 방법을
찾아야지요.

◉ **단어와 표현** 単語と表現

- □ **지붕** 屋根
- □ **태양광** 太陽光
- □ **환경** 環境
- □ **안심이 되다** 安心する
- □ **피해** 被害

- □ **반짝이다** ピカピカする
- □ **발전** 発電
- □ **노력** 努力
- □ **함부로** むやみに
- □ **종종** よく、しょっちゅう

- □ **판** 板
- □ **가리다** 遮断する
- □ **다루다** 扱う
- □ **언젠가** いつか

ハン部長夫人　：　あそこにある家の屋根の上のピカピカしている板は何？

ジウォン　：　あ、あれですか。太陽光発電施設じゃないですか。太陽の光を利用して電気を作るんですよ。最近あちこちでよく見かけますけど。

ハン部長夫人　：　太陽光発電？私はただの太陽の光を遮断する施設だと思ったんだけど。

ジウォン　：　環境を考えると、これからは太陽エネルギーだけじゃなく、他の自然エネルギーをもっとたくさん利用しなければならないと言われているでしょう。

ハン部長夫人　：　今来る途中で見ていたら、建物を建てて道路を造るためにあちこち山を削ってあるから心配していたんだけど、こんな努力もしているなんてちょっと安心するわね。

ジウォン　：　自然をむやみに扱うと、いつかその被害は人に反ってくるものだというけれど、自然と人が一緒にうまく生きていける方法を探さないといけませんね。

文法

1　-(으)ㄴ 줄 알았다

➡ 「心積もりや事態」を意味する不完全名詞「줄」が、動詞と形容詞の連体形語尾「-(으)ㄴ/는/(으)ㄹ」と連結し、主語が「ある事実を勘違いしていて、やっと事実に気がついた」ということを意味する。

> **보기**　처음에 미숙 씨 얼굴만 보고 중국 사람인 줄 알았어요.
> 初めはミスクさんの顔だけ見て中国人だと思いました。
>
> 오지 않을 줄 알았는데 오셨군요.　来ないと思っていたけど、いらっしゃったんですね。
>
> 이제까지 그 친구가 죽은 줄 알고 있었어요.　これまでその友だちが死んだと思っていました。

2 -느라고

⮑ 動作を表す動詞の語幹に付いて、先行する節が後行する節に対する「理由」や「目的」であることを表す。「理由」の意味で用いられる場合は、先行する動作が一定時間に行われることによって、それと同時に主語に否定的な結果が及ぶことを意味する。よって先行する節と後行する節の主語は同じで、先行する動作は持続性のある動詞に制限され、前後の動作が起こる時間が一致しなければならない。

> 보기 손님 대접을 하느라고 저는 제대로 먹지 못했습니다.
> お客様の接待をするために、私はまともに食べられませんでした。
>
> 집수리를 하느라고 돈을 많이 썼습니다.
> 家の修理をしたために、お金をたくさん使いました。
>
> 군대에 갔다 오느라고 대학 졸업하는 데 7년이나 걸렸습니다.
> 軍隊に行って来たために、大学を卒業するのに7年もかかりました。

＊「目的」の意味で用いられる場合は、行為者が先行する動作を遂行するために後続する動作をすることを意味する。通常、目的を果たすために行為者が「わざわざ」後続する動作をする場合に用いられる。

> 보기 남대문 시장에 가느라고 버스를 두 번이나 갈아탔어요.
> 南大門市場に行くために、バスを2回も乗り換えました。
>
> 고향에 갔다 오느라고 휴가를 얻었습니다.
> 故郷に行ってくるために、休暇をもらいました。
>
> 한국 신문을 읽느라고 옥편을 샀어요.
> 韓国の新聞を読むために、漢字の辞書を買いました。

3 -기 마련이다

⮑ 動詞の語幹に付いて、「ほとんど例外なく、そうなるようになっている」ことを意味し、「-게 마련이다」の形でも用いられる。また、「-(으)면 -기 마련이다」の形でよく用いられる。

> 보기 윗사람이 모범을 보이면 아랫사람은 다 따라오기 마련이야.
> 目上の人が手本を示せば下の人は皆ついてくるものだよ。
>
> 돈이 없어도 다 살기 마련이니까 너무 걱정하지 마세요.
> お金がなくてもなんとか生きていけるものだから、あまり心配しないでください。
>
> 여기에 크게 붙여 놓으면 누구라도 보게 마련이에요.
> ここに大きく貼っておけば、誰かが見てくれるものです。

1

27-02

보기

미숙 씨가 저한테 친절하게 해 주셔서
저를 좋아하다 / 알았어요.

미숙 씨가 저한테 친절하게 해 주셔서 저
를 좋아하는 줄 알았어요.

Can I help you? 괜찮아요.

한국말을 모르다 / 알고 영어로 말했어요.

한국말을 모르는 줄 알고 영어로 말했어요.

(1) 할아버님께서 너무 젊어 보이셔서 큰아버지이다 / 알았어요.

(2) 입사 시험이 너무 어려워서 떨어지겠다 / 알았어요.

(3) 남자 친구하고 헤어졌다 / 알고 데이트 신청을 했어요.

(4) 매운 음식을 먹지 않다 / 알고 싱거운 것만 준비했는데요.

2

27-03

보기

저도 처음에는 쌍둥이이다 / 알았어요.

가 : 형하고 동생이 굉장히 많이 닮았지요?
나 : 저도 처음에는 쌍둥이인 줄 알았어요.

(1) 죄송해요. 다 잡수셨다 / 알았어요.

왜 제 그릇을 치웠어요?

(2) 그래? 나는 창수가 처음 출마해서 당선 되기 어렵겠다 / 알았는데.

우리 동창 서창수가 이번에 국회의 원에 당선됐대.

(3) 오시겠다 / 알고 기다렸지요.

왜 가지 않고 한 시간이나 기다렸 어요?

(4) 한국에 계시다 / 알고 전화했어요.

지난주에 저희 사무실에 전화하셨 다면서요?

3

보기

삼계탕을 먹다 / 땀을 뻘뻘 흘렸어요.

삼계탕을 먹느라고 땀을 뻘뻘 흘렸어요.

(1) 저희들을 키우시다 / 어머니가 고생을 많이 하셨어요.

(2) 반대하시는 부모님을 설득하다 / 힘이 들었습니다.

(3) 어제 친구를 만나다 / 저녁 뉴스를 못 들었어요.

(4) 이 양복에 맞추다 / 넥타이를 새로 샀어요.

4

보기

이사하다 / 힘들었겠네요.

가 : 저 지난주에 이사했습니다.
나 : 이사하느라고 힘들었겠네요.

(1) 어제 보고서를 쓰다 / 밤을 새웠거든요.

얼굴이 피곤해 보이네요.

(2) 준비하다 / 식사할 시간이 없었어요.

왜 아침을 안 먹었어요?

(3) 다이어트하다 / 고생 좀 했지요. 식사도 줄이고 운동도 하고……

살이 많이 빠졌네요. 어떻게 살을 뺀 거예요?

(4) 네, 자료를 구하다 / 미국에 갔다 왔어요.

박사 논문 때문에 외국에 갔다 오셨다면서요?

5

시간이 지나면 잊어버리다

가 : 요즘도 헤어진 남자 친구 생각이 나서 괴로워요.
나 : 시간이 지나면 잊어버리기 마련입니다.

(1) 무리하면 병이 나다

매일 야근을 해서 그런지 피곤해 죽겠어요.

(2) 부모가 되면 부모님의 마음을 이해하다

내가 아이를 낳아 보니까 자꾸 어머니 생각이 나네요.

(3) 누구나 나이를 먹으면 기억력이 나빠지다

기억력이 너무 나빠져서 걱정이에요.

(4) 외국에서 오래 살면 그 나라 음식에 익숙해지다

처음엔 매운 음식을 잘 못 먹었는데 요즘은 아주 좋아해요.

단어 単語　□ 출마하다 出馬する　□ 당선되다 当選する　□ 국회의원 国会議員　□ 뻘뻘 だらだら（汗が流れる様子）
□ 반대하다 反対する　□ 박사 博士　□ 논문 論文　□ 괴롭다 つらい

활동

벼룩시장

각자 자기가 가지고 있는 물건 중에서 아직 쓸 만한데 자주 쓰지 않는 물건들을 가지고 나와서 벼룩시장을 열어 보십시오.

보기 와 같이 소개하는 글을 준비해서 자기가 사람들에게 팔려고 하는 물건을 소개합니다.

各自自分が持っている物の中で、まだ使えるけれどあまり使わないものを持って出て、フリーマーケットを開いてみてください。

보기 のように紹介文を準備して、自分が人に売ろうとしている物を紹介しましょう。

보기

- 2년 전에 명동에서 샀습니다.

- 이 코트를 사고 난 후에 한두 번 입었는데 그 후로 살이 빠져서 저에게 이제 좀 큽니다.

- 옷감이 좋아서 가벼우면서도 따뜻합니다. 색깔이며 디자인도 마음에 들어서 가지고 있었는데, 지난 2년 동안 입은 적이 없습니다. 새 옷이나 다름없습니다.

- 제가 산 가격의 70% 할인된 가격(6만원)에 팔려고 합니다. 제가 세일 때 샀기 때문에 원래 이 코트의 가격은 더 비쌌습니다. 필요하신 분 없으십니까?

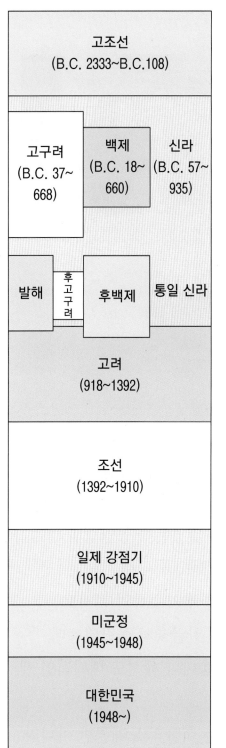

삼국 시대　三国時代

高句麗は平壌を、百済は公州を、新羅は慶州を中心に様々な部族国家を統合して中央集権国家を建設した。

고려 시대　高麗時代

開城を首都とし仏教文化と貴族文化が発達した。

조선 시대　朝鮮時代

漢陽（現在のソウル）を中心に儒教に基づいた両班文化と庶民文化が発達した。

일제 강점기　日帝強占期（日本統治時代）

民族主義を基盤として民族の自由と国権を回復するための独立運動を積極的に展開した。

대한민국　大韓民国

日本の支配から解放され光を取り戻したが、国土分断という予想だにしない試練を受けることとなった。南では国際連合の監視下で総選挙を実施し、1948年8月15日に大韓民国政府が樹立された。

제28과 노래뿐만 아니라 패션까지 따라하는 게 유행입니다

28-01

수 지 : 한국 노래를 정말 잘 부르시네요. 가수가 되고도 남겠어요.

바 투 : 잘 부르기는요. 좋아할 따름입니다. 제가 이 가수 팬이잖아요.

수 지 : 얼마 전 인기 가수 콘서트에 갈 기회가 있었는데 공연장의 열기가
　　　　정말 대단했어요. 바투 씨도 가 보셨죠?

바 투 : 물론이죠. 그리고 10대 때 처음 봤던 한국 가수들의 콘서트는
　　　　아직도 잊을 수가 없어요. 그 당시에는 한글조차 몰랐었는데.

수 지 : 한국 가수들을 보면 노래도 잘하지만 춤이나 패션도 매력적인 것
　　　　같아요. 그래서 더 인기를 얻나 봐요.

바 투 : 맞아요. 우리나라 청소년들 사이에서는 이들의 노래뿐만 아니라
　　　　패션까지 따라하는 게 유행이랍니다. 그리고 요즘에는 반대로
　　　　패션이나 스타일 때문에 노래가 인기를 끄는 경우도 있고요.

단어와 표현 単語と表現

- □ 팬 ファン
- □ 10대 10代
- □ 청소년 青少年、若者
- □ 끌다 (人気を) 集める

- □ 열기 熱気
- □ 당시에 当時
- □ 사이 間

- □ 대단하다 すごい
- □ 매력적 魅力的
- □ 반대로 反対に

スージー ： 韓国の歌を本当に上手に歌いますね。歌手にも十分なれそうですね。

バトゥ ： 上手だなんて。ただ好きなだけですよ。私、この歌手のファンでしょう。

スージー ： このまえ人気歌手のコンサートに行く機会があったんですが、公演会場の熱気が本当にすごかったです。バトゥさんも行ったことがありますよね？

バトゥ ： もちろんですよ。それから10代の時にはじめて見た韓国の歌手のコンサートはいまだ忘れることができません。その当時はハングルすら知らなかったのに。

スージー ： 韓国の歌手を見ると、歌も上手ですが、ダンスやファッションも魅力的だと思います。だからますます人気が出るんだと思います。

バトゥ ： そうですね。私の国の若者たちの間では、彼らの歌だけでなく、ファションまで真似するのが流行なんだそうです。それに最近では反対にファッションやスタイルのせいで歌が人気を集める場合もありますし。

문법

文法

1 –고도 남다

→ 「全部使わず、あまる」ことを意味する「남다」が「–고도 남다」の形で用いられると、ある動作や状態が期待を超えていて、「その動作が遂行されるのに十分な程度」であることを意味する。

보기　그 정도로 하면 합격하고도 남겠다. その程度（準備）すれば、十分合格できるでしょう。

이 소식을 들으면 사람들이 놀라고도 남을 것 같다.
この話を聞いたら、皆十分驚くと思う。

이 정도 방이면 20명이 들어가고도 남을 거예요.
この程度の部屋なら、20人は十分に入るでしょう。

2 -조차

➥ 名詞に付いて、最も基本的なことを否定したり、または最も極端な例を挙げて、否定的な意味を強調しようとするときに用いられる。後ろには主に否定的な意味の言葉が来るとともに「-(으)ㄴ/는커녕」と一緒に用いられることが多い。

이 아이는 10살인데 자기 이름조차 못 써요.
この子どもは10歳ですが、自分の名前すら書けません。

어제는 너무 바빠서 밥 먹을 시간조차 없었어요.
昨日はとても忙しくて、ご飯を食べる時間すらありませんでした。

친구는커녕 가족들에게조차 말하지 못했어요.
友だちどころか、家族にさえ話せませんでした。

3 -답니다

➥ 間接話法（『中級１』、第２課文法参照）「-(이)라고 합니다」から「-고 하」が省略されたもの。間接話法は主に他人の言葉を伝達・引用する場合に用いられるが、この課の場合のように、ある事実を親しみを込めて説明したり、知らせたりする場合にも用いられる。「-답니다」、「-(느)ㄴ답니다」の形も可能であり、特に「-(이)란다」のような普通体は大人が子どもに教える意味でよく使われる。

제 취미는 영화 감상이랍니다.
私の趣味は映画鑑賞なんです。

한국에는 추석, 설날말고도 대보름이란 명절도 있답니다.
韓国には秋夕、正月以外にもデボルムという伝統行事もあるんですよ。

옛날 옛날에 예쁘고 마음씨 착한 백설 공주가 살았단다.
むかしむかし、美しくて心のきれいな白雪姫がすんでいましたとさ。

1

보기

수현 씨는 너무 예뻐서 미스코리아가
되다

수현 씨는 너무 예뻐서 미스코리아가 되
고도 남겠어요.

(1) 노래 실력만 보면 가수가 되다

(2) 그 사람처럼 봉사를 많이 하면 상을 받다

(3) 너무 뛰어난 기술이라 세계를 놀라게 하다

(4) 와! 현지 씨는 액세서리가 많아서 가게를 차리다

2

보기

Ä Ö Ü

고등학교 때 독일어를 배웠는데 알파
벳 / 생각나지 않아요.

고등학교 때 독일어를 배웠는데 알파벳
조차 생각나지 않아요.

(1) 그 사람이 도망갈 거라고 생각 / 못했어요.

(2) 이제는 첫사랑 얼굴 / 기억나지 않아요.

(3) 이번에는 부모님 생신에 전화 / 하지 못했어요.

(4) 자식 앞에서 / 거짓말을 하시는군요.

3

> 아니요, 식사 / 제대로 못하세요.
>
> 가 : 할아버지가 많이 회복하셨어요?
> 나 : 아니요, 식사조차 제대로 못하세요.

(1)
> 그 사람은 인사 / 하지 않고 떠났어요.

시현 씨가 떠났다면서요? 잘 갔나요?

(2)
> 하지만 공부를 안 한 지 오래돼서 기본적인 것 / 생각이 안 나요.

대학에서 스페인어를 전공하셨다면서요?

(3)
> 결혼이요? 사귀는 사람 / 없는데요.

결혼 안 하세요?

(4)
> 어머니 / 모르는 거니까 절대로 말하지 마세요.

이 사실을 누구누구 알고 있어요?

4

> 건널목에서는 신호등을 잘 보고 건너야 하다
>
> 건널목에서는 신호등을 잘 보고 건너야 한답니다.

(1) 이 분이 바로 이순신 장군이다

(2) 한국에서는 대부분의 공공장소에서 담배를 피우면 안 되다

(3) 한국에서는 어른 앞에서 술을 마실 때 얼굴을 돌려야 하다

(4) 제가 어렸을 때는 여기가 이렇게 복잡하지 않았다

5

그래요? 우리나라 국보다

가 : 남대문이 가까이서 보니까 멋있어 보이네요.
나 : 그래요? 우리나라 국보랍니다.

(1) 보통 집은 남자가 준비하고 살림은 여자가 준비하다

한국에서는 결혼 비용을 누가 내요?

(2) 차례를 지낸 후에 보통 성묘하러 가다

명절날은 차례만 지내면 끝나는 건가요?

(3) 한글말고도 훌륭한 일을 많이 하셨다

세종대왕이 한글을 만드셨다고 들었어요.

(4) 하루 정도 지난 후에 냉장고에 넣어야 하다

김치를 담근 후에 바로 냉장고에 넣지 않아요?

단어 単語　□상 賞　□도망가다 逃げる　□첫사랑 初恋　□절대로 絶対に　□건널목 交差点　□신호등 信号機
□공공장소 公共の場　□돌리다 まわす　□살림 家事　□세종대왕 世宗大王

삐뽀삐뽀, 괜찮아

  얼마 전 수업 시간에 한국어의 의성어와 의태어를 배웠습니다. 정말 어렵고 외우기 어려웠지만 단어들이 재미있고 리듬도 있고 해서 말하다 보면 노래를 부르는 듯했습니다. 그 중에서 저는 '삐뽀삐뽀'라는 말의 어감이 마음에 들었습니다. 그래서 제가 요즘 매일 '삐뽀삐뽀'라고 하면서 돌아다니니까 친구들이 저에게 '구급차 톰'이라는 별명을 붙여 주었습니다.

  저는 한국어에서 '그냥'이라는 말이 좋습니다. "요즘 왜 그렇게 우울해 보여?" "그냥." 주말에 전화를 건 친구가 "뭐 하고 있니?"라고 하면 "그냥 집에 있어."라고도 답합니다. "너 기분 좋아 보인다. 뭔 일 있어?" 그런 질문을 받을 때에도 씩 웃으면서 "그냥"이라고 대답하면 됩니다. 이런 나를 보고 어떤 사람들은 속을 보여주지 않는 의심스러운 사람이라고 할지도 모릅니다. 그런데 그 말 속에 담긴 미묘한 뉘앙스와 어감이 내 마음을 다 표현해 주는 것 같기도 하고 할 말이 잘 생각나지 않을 때 편하게 쓸 수 있어서 좋습니다.

  그리고 저는 '괜찮아'라는 말도 즐겨 씁니다. 얼마 전 한 친구가 높은 구두를 신고 뛰어 가다가 넘어져서 무릎에서 피가 나는데도 괜찮다고, 걱정하지 말라고 했습니다. "괜찮아." 왠지 안심이 되는 말이라고 생각했습니다. 그리고 한국 노래를 듣는데 이런 노랫말이 내 귀에 들어왔습니다. "아무리 약해 보이고 아무리 어려 보여도 난 괜찮아. 나는 쓰러지지 않아. 난 괜찮아~." 이 노래를 듣고 나니까 정말 모든 일이 다 괜찮아질 것 같은 느낌이 들었습니다. 그래서 나는 이 단어를 알게 된 다음부터 어렵고 힘들 때마다 나 스스로에게 주문을 외우곤 합니다. "모든 일은 다 지나갈 거야. 괜찮아. 다 잘 될거야."

1 친구들이 이 사람에게 왜 '구급차 톰'이라는 별명을 붙여주었습니까?

2 이 사람은 왜 '그냥'이라는 단어를 좋아합니까?

3 이 사람이 '괜찮아'라는 말을 알고 난 후에 하게 된 행동은 무엇입니까?

4 여러분은 한국어 단어나 표현 중에서 좋아하는 것이 있으면 소개해 보십시오.

단어 単語

- □ **삐뽀삐뽀** ピーポーピーポー （救急車のサイレンの音を表す擬音語）
- □ **의성어** 擬音語
- □ **의태어** 擬態語
- □ **리듬** リズム
- □ **어감** 語感
- □ **씩** にやり
- □ **의심스럽다** 疑わしい
- □ **미묘하다** 微妙だ
- □ **뉘앙스** ニュアンス
- □ **표현하다** 表現する

제29과 한국 음식을 즐기는 사람들이 꽤 많더라고요

🔘 29-01

마이클 : 다음 주에 친구가 한국에 오는데 비빔밥을 꼭 먹어 보고 싶다고
하네요. 맛있는 데 좀 소개해 주세요.

수 지 : 명동에 유명한 식당이 있는데 그 집에 가 보지 그래요? 미국
친구랑 갔을 때 야채가 골고루 들어 있는 비빔밥을 아주 맛있게
먹었어요.

마이클 : 비빔밥이 기내식으로 나온 후부터 좋아하는 사람들이 더 많아진
것 같아요. 저는 비빔밥을 처음 먹었을 때는 아무 것도 모르고
고추장을 많이 넣어서 한 숟가락도 못 먹고 말았는데.

수 지 : 요즘은 한국 음식도 유명해져서 고추장이 맵다는 것 정도는 이미
알고 있는 외국인이 많을걸요.

마이클 : 아닌 게 아니라 미국에서 한식당에 갔는데 한국 음식을 즐기는
사람들이 꽤 많더라고요. 저도 그런 사람 중에 하나고요.

◉ **단어와 표현** 単語と表現

- □ **명동** 明洞（ミョンドン）〔地名〕
- □ **골고루** まんべんなく
- □ **들어 있다** 入っている
- □ **기내식** 機内食
- □ **이미** すでに
- □ **아닌 게 아니라** （うそではなく）本当の話だが
- □ **즐기다** 楽しむ

マイケル ：	来週友だちが韓国に来るんですが、ビビンパをぜひ食べたいと言っているんです。おいしいところをちょっと紹介してください。
スージー ：	明洞に有名な食堂があるんですが、そこに行ってみたらどうですか。アメリカの友だちと行ったとき、野菜がまんべんなく入っているビビンパをとてもおいしく食べました。
マイケル ：	ビビンパが機内食で出てから、好きな人がさらに多くなったような気がします。私はビビンパをはじめて食べたときは、何も知らずにコチュジャンをたくさん入れて、ひと口も食べられなかったんですが。
スージー ：	最近は韓国の食べ物も有名になってコチュジャンがからいということくらいはすでに知っている外国人が多いと思いますよ。
マイケル ：	本当の話なんですが、アメリカで韓国料理屋に行ったんですけれど、韓国料理を楽しむ人が結構多かったですよ。私もそんな人の中の一人ですし。

文法

1 -지 그래요?

→ 動詞の語幹に付いて、相手が話者の意見と違う行動をしたり、異なる意見を述べたとき、または相手が話者の意見を尋ねたとき、相手に話者の意見を「勧誘、提示」することを意味する。「どうして～しないのか」という意味である。過去の事実について話す場合は「-지 그랬어요?」になる。

보기　혼자서 걱정만 하지 말고 부장님과 상의하지 그래요?
一人で心配ばかりしていないで、部長と相談したらどうですか。

돈이 모자랐으면 저한테 빌려 달라고 하지 그랬어요?
お金が足りなかったのなら、私に貸してくれと言えばよかったのに。

아이가 사춘기라서 예민할 텐데 야단치지 말지 그랬어요?
子どもが思春期だから敏感になっているでしょうに、叱らなければよかったのに。

2 −고 말다

↳ 動詞の語幹に付いて、「ある事が起こった」ことを意味するが、主に「望まない結果に終わってしまった」ことを強調するときに用いられる。よって遺憾の意味を表す。

> **보기** 어머니가 주신 물건인데 잃어버리고 말았어요.
> 母がくれたものなんですが、なくしてしまいました。
>
> 해 주겠다고 약속했었는데 결국 해 주지 못하고 말았군요.
> やってあげると約束したんですが、結局してあげられませんでしたね。
>
> 회사가 부도가 나고 말았는데 우리들은 어떻게 해야 합니까?
> 会社が不渡りを出してしまったんですが、私たちはどうしたらいいですか。

3 −(으)ㄹ걸요

↳ 叙述語の語幹に結合して「推測」を表す。相手が既に述べた内容について、話者の推測はそうではないことを意味する。

> **보기** 가 : 이거 진짜예요?　これ、本物ですか。
> 나 : 이건 아마 진짜가 아닐걸요.　これは多分本物じゃないと思いますよ。
>
> 가 : 채소 볶음밥을 하려고 하는데 아이들이 좋아할까요?
> 野菜チャーハンを作ろうと思うんですが子どもたちは好きでしょうか。
>
> 나 : 아이들이 채소가 들어간 음식은 잘 먹지 않을걸요.
> 子どもは野菜が入った食べ物はあまり食べないと思いますよ。
>
> 가 : 작년에 한국 경제가 나빠지지 않았나요?
> 去年韓国の景気が悪くなりませんでしたか。
>
> 나 : 그래도 GNP는 5%쯤 성장했을걸요.
> それでもGNPは5％ほど成長したと思いますよ。

1

보기

이 길은 막히는 모양인데 다른 길로 돌아가다

이 길은 막히는 모양인데 다른 길로 돌아
가지 그래요?

혼자서 술을 마셨다고요? 나한테 전화했다

혼자서 술을 마셨다고요? 나한테 전화하
지 그랬어요?

(1) 나중에 후회하지 말고 지금이라도 사과하다

(2) 책만 보지 말고 인터넷 강의를 듣다

(3) 지난주에 가서 예매했다

(4) 어제는 손님도 있었는데 화내지 말고 참았다

2

보기

병원에 가서 진찰을 한번 받아 보다

가 : 무슨 병인지 약을 먹어도 낫지 않아
요.
나 : 병원에 가서 진찰을 한번 받아 보지
그래요?

(1) 예금하지 말고 주식에 투자하다

보너스 받은 돈을 예금하려고 해요.

(2) 유능한 사람들인데 해고시키지 말다

회사 형편이 어려워서 몇 사람은 해고시켜야 할 것 같아요.

(3) 조용히 하라고 했다

어젯밤 이웃집에서 밤새도록 시끄러운 소리가 났어요.

(4) 오랜만에 받은 휴가였는데 가까운 데라도 갔다 왔다

지난 휴가 때 아무 데도 안 갔어요.

3

보기

그 사람은 도망 다니다가 경찰에 잡히다

그 사람은 도망 다니다가 경찰에 잡히고 말았어요.

(1) 최선을 다해서 수술했지만 환자가 죽다

(2) 비밀을 지키려고 했지만 말하다

(3) 열심히 응원했지만 시합에서 지다

(4) 급한 일이 생겨서 약속을 지키지 못하다

4

보기

아니요, 끝까지 뛰어 보려고 했지만 중간에 포기하다

가 : 마라톤 경기에서 끝까지 뛰셨어요?
나 : 아니요, 끝까지 뛰어 보려고 했지만 중간에 포기하고 말았어요.

(1) 퇴직금으로 사업을 시작했지만 실패하다

그 사람은 정년퇴직 이후에 어떻게 되었어요?

(2) 혼자서 고쳐 보려고 애썼지만 못 고치다

아침부터 자동차 고치시던데 수리가 잘 되었습니까?

(3) 다른 일을 하다가 4시 기차를 놓치다

왜 4시 기차를 타지 않고 7시 기차를 타셨어요?

(4) 네, 너무 긴장해서 면접을 볼 때 실수하다

입사 시험에서 떨어지셨다면서요?

5

보기

오후에는 개다

가 : 오후에도 비가 계속 오면 큰일인데…….
나 : 오후에는 갤걸요.

(1) 두 시간 이상 걸리다

회의가 금방 끝났으면 좋겠는데…….

(2) 밤색이 더 잘 어울리다

민우한테는 파란색이 잘 어울릴 것 같지요?

(3) 그렇게 쉽게 이기기 어렵다

대구 고등학교가 이길 것 같지요?

(4) 벌써 끝났다

'태양의 아들'이라는 영화가 보고 싶은데 어느 극장에서 하는지 알아요?

단어 単語

□ 강의 講義　□ 유능하다 有能だ　□ 해고시키다 解雇する　□ 이웃집 隣の家　□ 밤새다 徹夜する
□ 잡히다 捕まる　□ 죽다 死ぬ　□ 시합 試合　□ 지다 負ける　□ 퇴직금 退職金　□ 이후 以後
□ 애쓰다 努める　□ 놓치다 逃す　□ 태양 太陽

1 내용과 맞지 <u>않는</u> 것을 모두 고르십시오.   🔘 29-07

内容と合わないものをすべて選びなさい。

① 이 여자는 이번에 표를 사기가 쉽지 않았습니다.

② 이 여자는 쉽게 표를 살 수 있을 거라고 생각했습니다.

③ 이 남자도 이 여자도 둘 다 표를 사려다가 사지 못한 적이 있습니다.

④ 인기 가수들의 공연표가 매진되는 것은 흔히 볼 수 없는 일입니다.

⑤ 지난번에 이 남자가 표를 사려고 했을 때는 이미 표가 다 팔린 후였습니다.

2 듣고 질문에 대답하십시오.   🔘 29-08

音声を聞いて質問に答えなさい。

(1) 이 사람의 취미는 무엇입니까?

_____

(2) 이 사람의 목표는 무엇입니까?

_____

(3) 중간에 왜 슬럼프에 빠졌습니까? 어떻게 다시 흥미를 찾았습니까?

_____

_____

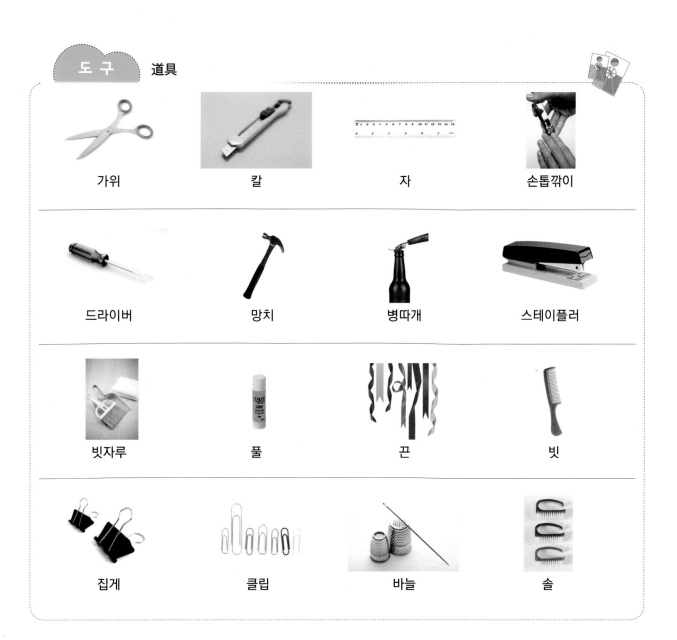

가위	칼	자	손톱깎이
드라이버	망치	병따개	스테이플러
빗자루	풀	끈	빗
집게	클립	바늘	솔

제30과 한글의 새로운 발견인 것 같아요

30-01

메구미 : 지금 입고 계신 티셔츠는 한국에서 사신 건가요? '사랑했으므로
행복하였네', 내용도 좋고 글자 모양도 예쁘네요.

마이클 : 우연히 보고 마음에 들어서 사 입었는데 입은 게 어색해 보이지
않아요?

메구미 : 어색하기는커녕 잘 어울리는데요. 한글을 이용한 것 중에 옷말고
다른 것들은 없나요?

마이클 : 없을 리가 있겠어요? 한글 디자인 상품들이 다양해서 저도 좀
놀랐어요.

메구미 : 하긴 얼마 전 도자기와 의상 등 한글 디자인 작품 전시회가 열리고
해외에서도 발표회를 한다는 기사를 봤어요.

마이클 : 한글의 문자 모양이 참 재미있다고 생각했는데, 그렇게 디자인해
놓으니까 아름다웠어요. 한글의 새로운 발견인 것 같아요.

◉ **단어와 표현** 単語と表現

□ 우연히 偶然　　　　□ 어색하다 不自然だ　　　□ 상품 商品
□ 하긴 確かに　　　　□ 도자기 陶磁器　　　　□ 의상 衣装
□ 등 等　　　　　　　□ 작품 作品　　　　　　□ 전시회 展示会
□ 발표회 発表会　　　□ 발견 発見

めぐみ ： 今着ていらっしゃるTシャツは韓国で買われたんですか。「愛していたか
　　　　ら幸せだった」、内容もいいし文字の形もきれいですね。

マイケル： 偶然目に入って、気に入ったので買って着ていたんですが、着た感じが不
　　　　自然じゃないですか。

めぐみ ： 不自然どころか、よく似合っていますよ。ハングルを利用したものの中で
　　　　服以外に他のものはないんですか。

マイケル： ないはずがないでしょう。ハングルのデザインの商品が多様で、私も少し
　　　　驚きました。

めぐみ ： 確かに、少し前に陶磁器や衣装などハングルのデザインの作品の展示会が
　　　　開かれて海外でも発表会をするという記事を見ました。

マイケル： ハングルの文字の形がとてもおもしろいと思っていたんですが、そうやって
　　　　デザインしてあると美しかったです。ハングルの新しい発見のようです。

 文法

1 -(으)므로

➡ 叙述語の語幹に付いて、「理由」を表す連結語尾。主に論説文や説明文などで論理的な根拠や理由を
明らかにするときに用いられる。そのため口語体より、文語体や公式的な表現に主に用いられる。

보기 중대한 문제이므로 실수 없이 처리해야 합니다.
重大な問題であるため、失敗のないよう処理しなければなりません。

위의 학생은 성적이 우수하므로 이 상을 수여합니다.
上記の学生は成績が優秀なのでこの賞を授与する。

이 약은 부작용이 있을 수 있으므로 주의해야 함.
この薬は副作用がある可能性があるため注意すべし。

2 -커녕

→ 主語の「動作や状態がとてもひどい」ことを表す副助詞。主に否定を表す言葉と一緒に使われ、「〜は言うまでもなく」それよりもよくないことまで取り上げて否定する意味を表す。名詞と結合する場合は「-은/는커녕」、動詞と結合する場合は「-기는커녕」の形で用いられる。後ろには「-도, -조차」などの副助詞が入る言葉が多く使われる。

보기   시내 구경은커녕 호텔 안에서만 지냈어요.
市内見物どころかホテルの中だけで過ごしました。

예금을 하냐고요? 예금은커녕 생활비조차 모자라는데요.
預金はするのかって？預金どころか生活費すら足りないんですが。

시간이 지날수록 문제가 해결되기는커녕 점점 심각해지고 있어요.
時間が過ぎるほど、問題が解決するどころかだんだん深刻になっています。

3 -(으)ㄹ 리가 없다

→ 「わけや道理」を表す不完全名詞「리」が「-(으)ㄹ 리가 없다」や「-(으)ㄹ 리가 있어요?」の疑問文の形で用いられ、「一般的な道理を立ててみたとき、それが不可能だと考える」ことを表す。物事の起こる可能性を強く否定したり、疑ったり、反問する意味で用いられる。

보기   본인이 부탁해서 마련한 자리이니까 안 올 리가 없어요.
本人が頼んで準備した席ですから来ないわけがありません。

부모가 자기 자식에게 해를 입히는 일을 할 리가 있겠어요?
親が自分の子どもに害を及ぼすことをするはずがないでしょう？

그럴 리는 없겠지만 사람일은 모르니까 한번 확인해 보세요.
そんなはずはないでしょうが、人のことはわかりませんから一度確認してみてください。

1

30-02

보기

열차와 승강장 사이가 넓다 / 발이 빠지지 않도록 주의하시기 바랍니다.

열차와 승강장 사이가 넓**으므로** 발이 빠지지 않도록 주의하시기 바랍니다.

(1) 증거가 불충분하다 / 판결을 다음으로 연기합니다.

(2) 이 제품은 220볼트 전용이다 / 전압이 맞지 않을 때는 사용하지 마십시오.

(3) 이곳은 승용차 전용 주차장이다 / 승용차 이외의 차량은 주차할 수 없습니다.

(4) 교통 신호를 위반했다 / 벌금을 내셔야 합니다.

2

30-03

보기

결혼기념일에 남편이 선물 / 날짜도 기억 못했어요.

결혼기념일에 남편이 선물**은커녕** 날짜도 기억 못했어요.

내 발을 밟고서 사과하다 / 오히려 화를 냈어요.

내 발을 밟고서 사과하**기는커녕** 오히려 화를 냈어요.

(1) 칭찬 / 야단만 맞았어요.

(2) 휴가 / 주말에도 나가서 일해야 해요.

(3) 남편이 도와주다 / 옆에서 잔소리만 해요.

(4) 오해가 풀리다 / 오히려 사이가 더 나빠지고 말았어요.

3

보기

형이 동생을 돌봐 주다 / 말썽만 부려요.

가 : 형이 동생을 돌봐 주지요?
나 : 형이 동생을 돌봐 주기는커녕 말썽만 부려요.

(1) 식사 / 차 대접도 못 받았는데요.

식사 대접은 받았나요?

(2) 구경 / 태풍이 와서 호텔에만 있었어요.

제주도 구경은 잘 하셨어요?

(3) 아니요, 좋아지다 / 더 심해진 것 같아요.

수술 후에 건강이 좋아지셨나요?

(4) 아니요, 재미있다 / 지루하기만 했어요.

칸 영화제에서 상을 받은 작품이니까 재미있었겠죠?

4

보기

날씨가 이렇게 맑은데 비가 오다

날씨가 이렇게 맑은데 비가 올 리가 없어요.

(1) 이 가방이 가짜이다

(2) 동우가 1년 동안 열심히 준비했는데 시험에 떨어지다

(3) 두 사람이 결혼까지 약속한 사이인데 그렇게 쉽게 헤어지다

(4) 어제 만들어서 냉장고에 넣어 뒀는데 벌써 상했다

5

보기

새로 산 기계인데 벌써 고장이 나다

가 : 이거 왜 안 돌아가지? 고장인지 한
   번 봐 주세요.
나 : 새로 산 기계인데 벌써 고장이 날 리
   가 있어요?

(1) 세월이 많이 지났는데 기억이 나다

초등학교 친구가 학교 다닐 때 나
를 괴롭혀 놓고 기억을 못하더라.

(2) 아니요, 방금 전에도 있었는데 없어지다

여기에 둔 보고서 혹시 치우셨어
요?

(3) 아니에요. 그 친구가 나를 속이다

친구 분에게 사기를 당한 겁니다.

(4) 제가 두 번이나 확인했는데 몰랐다

영은이가 시간을 몰라서 어제 참석
을 못 했대요.

단어 単語　□열차 列車　□승강장 ホーム　□주의하다 注意する　□증거 証拠　□불충분하다 不十分だ
　　　　　□판결 判決　□전용 専用　□전압 電圧　□차량 車両　□교통 신호 交通信号　□위반하다 違反する
　　　　　□벌금 罰金　□잔소리 小言　□돌보다 面倒を見る　□말썽을 부리다 問題を起こす
　　　　　□지루하다 うんざりする　□칸 영화제 カンヌ映画祭　□속이다 だます

재미있는 한글 놀이

I. 끝말잇기

한 단어를 말하면 그 단어의 끝 글자로 시작하는 단어를 이어서 말하는 놀이입니다. 한 사람이 단어를 말하면 그 단어의 끝을 이어 단어를 말하십시오.

一つの単語を言ったら、その単語の最後の文字で始まる単語をつないでいく遊びです。

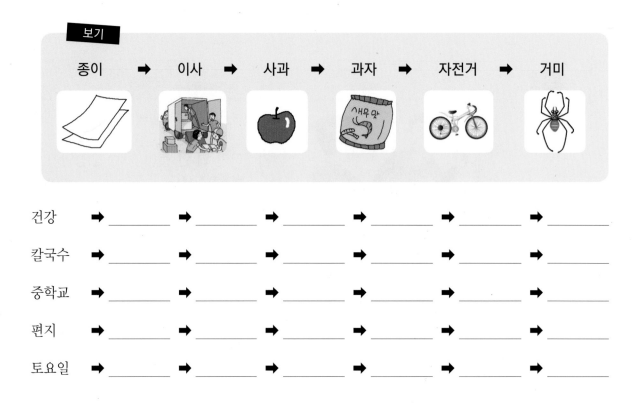

보기

종이 ➡ 이사 ➡ 사과 ➡ 과자 ➡ 자전거 ➡ 거미

건강 ➡ _____ ➡ _____ ➡ _____ ➡ _____ ➡ _____ ➡ _____

칼국수 ➡ _____ ➡ _____ ➡ _____ ➡ _____ ➡ _____ ➡ _____

중학교 ➡ _____ ➡ _____ ➡ _____ ➡ _____ ➡ _____ ➡ _____

편지 ➡ _____ ➡ _____ ➡ _____ ➡ _____ ➡ _____ ➡ _____

토요일 ➡ _____ ➡ _____ ➡ _____ ➡ _____ ➡ _____ ➡ _____

II. 수수께끼

다음 수수께끼의 답을 맞혀 보십시오. つぎのなぞなぞの答えを当ててみましょう。

보기

아침에는 네 발로 걷고, 낮에는 두 발로 걷고, 저녁에는 세 발로 걷는 것은 무엇입니까?

답 : 사람

(1) 말은 말인데 타지 못하는 말은? (   )

(2) 소금을 비싸게 파는 방법은? (   )

(3) 손님이 깎아 달라는 대로 다 깎아주는 사람은? (   )

(4) 많이 먹으면 죽는데 안 먹을 수 없는 것은? (   )

(5) 물고기의 반대말은? (   )

(6) 이 상한 사람들이 가는 곳은? (   )

(7) 하늘에서 사는 개는? (   )

Ⅲ. 빨리 잘 읽기

다음 문장을 시간을 재면서 빨리 읽으십시오. 가장 빨리 정확하게 읽은 사람이 이기는 놀이입니다.

次の文章を時間を測りながら早く読んでください。一番早く正確に読めた人が勝つ遊びです。

(1) 내가 그린 구름 그림은 흰 구름 그림이고,
　　네가 그린 구름 그림은 검은 구름 그림이다.

(2) 옆집 토끼 토끼 귀는 하얀 토끼 토끼귀이고
　　앞집 토끼 토끼 귀는 까만 토끼 토끼귀이다.

(3) 한강 은행 예금통장은 황색 예금통장이고,
　　정동 은행 적금통장은 청색 적금통장이다.

(4) 복 씨 땅콩 장수의 막 볶은 따뜻한 땅콩,
　　안 씨 땅콩 장수의 덜 볶은 뜨뜻한 땅콩

(5) 간장 공장 공장장은 강 공장장이고 된장 공장 공장장은 장 공장장이다.

(6) 저 강낭콩 콩깍지는 깐 콩깍지인가 안 깐 콩깍지인가?

해석　Ⅱ. (1) 거짓말　　(2) 소와 금을 나누어서 판다.　　(3) 이발사
(4) 나이　　(5) 불고기　　(6) 치과　　(7) 안개, 번개, 무지개

付録

1과

〈읽기〉

1

사라질 것	이유
우체통	손으로 직접 쓴 편지나 카드 대신에 빠르고 편리한 이메일과 전자카드, 문자 메시지로 안부를 전하는 사람들이 많아졌기 때문입니다.
유선 전화	어른 아이 모두 갖게 된 휴대 전화가 유선 전화의 자리를 대신하게 되었기 때문입니다.

2 ③

2과

〈듣기〉

1 (1) 필름 사진기 → 디지털 카메라 → 휴대폰

(2) ①

2 ②

3 ④

4과

〈읽기〉

1 츄리닝 : 운동복

아이쇼핑 : 물건을 사지 않고 구경만 하는 것

디씨 : 할인, 값을 깎아주는 것

2 'ㅇㅇ방'이라고 쓰여 있는 간판이 많은 것

(또는 가게 이름에 '방'이 많이 붙는 것)

5과

〈듣기〉

1 ④

2 (1) ① (2) ②

3 ③

7과

〈읽기〉

1 삶에 대해 감사하는 것, 처음의 마음으로 돌아가는 것, 내려놓음, 비움, 용서, 이해, 자비, 언제든 떠날 채비를 갖추는 것

2 사랑, 믿음, 우정 등

8과

〈듣기〉

1 ①

2 (1) ④

(2) ① × ② ○ ③ ○ ④ ×

3 연결된 후에는, 남기시려면,

남기시려면, 연락 받을, 누른 후, 이용해 주셔서

10과

〈읽기〉

1 ①

3 (1) 공용부분 (2) 공동주택 (3) 층간소음

11과

〈듣기〉

1 ①

2 (1) ③ (2) ② (3) ④

3 (1) ② (2) ③

13과

〈읽기〉

1 강 부장님이 아이들 이름을 지을 때 돌림자를 넣어 지었기 때문입니다.

14과

〈듣기〉

1 ④

2 (1) ③ (2) ②

3 (1) ④ (2) ①

16과

〈읽기〉

1 결과를 보면 남자는 두 파로 나뉘었다. 아내의 이름을 '집, 집사람, ○○ 엄마, 김○○(실제 이름), 마누라' 등으로 쓴다는 부류가 거의 절반. '나의 여신님, 중전 마마, 소울 메이트' 등으로 쓴다는 사람이 나머지 반이었다. 반면 여자들은 대부분 연애할 때처럼 남편의 애칭이 휴대 전화에 저장돼 있었습니다.

2 부인들이 알아서 입력해 저장해 놓은 것입니다.

17과

〈듣기〉

1 (1) 환갑   (2) 돌   (3) 제사   (4) 추석

2 (1) ④   (2) ③

3 (1) ① ○   ② ×   ③ ○   ④ ○

(2) 미역이 미끄러운 음식이라서 시험에서 미끄러져 떨어
질지도 모른다고 믿기 때문이다.

19과

〈읽기〉

1 명품 : 사전적 의미는 '뛰어난 물건 혹은 작품'입니다. 상
세히 설명하자면 솜씨 좋은 장인들의 수작업으로
정성껏 만든 귀한 물건입니다.

짝퉁 : 명품을 베낀 물건입니다.

2 할머니의 사랑을 수십 년 간 받아 온 천들을 만지니까 할
머니 생각이 나서입니다.

20과

〈듣기〉

1 (1) ④   (2) 적금을 들 것 같다.

2 (1) ①   (2) ③   (3) ③

22과

〈읽기〉

1 하회마을은 전통이 잘 보존된 것으로 유명합니다.

2 '백과사전처럼 아는 것이 많은 사람'을 의미합니다.

3 '하회'는 강이 근처를 돌아간다는 의미입니다. 하회 마을의
지리적 조건을 보면 마을의 삼면이 낙동강으로 둘러 싸여
있습니다.

23과

〈듣기〉

1 ②

2 (1) ×   (2) ○   (3) ×   (4) ×   (5) ○

3 (1) ①, ③, ⑤

(2) ③ → ② → ① → ④

25과

〈읽기〉

1 (1) 10원짜리 동전 – 다보탑 – 건강과 행복을 바라는 마음

(2) 50원짜리 동전 – 쌀 – 풍년을 기원하는 마음

(3) 100원짜리 동전 – 이순신 장군 – 나라를 사랑하는 마음

(4) 500원짜리 농전 – 학 – 자연을 사랑하는 마음과 희망

26과

〈듣기〉

1 (1) 쓰레기 문제   (2) 대기 오염   (3) 지구 온난화

2 (1) ① ○   ② ○   ③ ×   ④ ×

(2) ③

3 (1) ②   (2) ③

28과

〈읽기〉

1 이 사람이 요즘 매일 '삐뽀삐뽀'하면서 돌아다녔기 때문에
친구들이 '구급차 톰'이라는 별명을 붙여 주었습니다.

2 '그냥'이라는 말 속에 담긴 미묘한 뉘앙스와 어감이 내 마
음을 다 표현해 주는 것 같기도 하고 할 말이 잘 생각나지
않을 때 편하게 쓸 수 있어서 이 단어를 좋아합니다.

3 이 사람은 어렵고 힘들 때마다 "모든 일은 다 지나갈 거
야. 괜찮아. 다 잘 될 거야."라고 스스로에게 주문을 외우
곤 합니다.

29과

〈듣기〉

1 ②, ④

2 (1) 한국말 공부하는 것, 한국 드라마를 보는 것

(2) 자막 없이 드라마를 보는 것

(3) 실력이 좋아지지 않아서 슬럼프에 빠진 적도 있었
습니다. 하지만 당시에 보던 재미있는 드라마 덕분
에 다시 흥미를 찾았습니다.

2과

1 듣고 질문에 대답하십시오.

예전에 보던 책 사이에서 친구들과 찍은 사진 한 장이 나왔다. 10년이 넘은 사진인데 친구들의 모습이 반갑고 그때의 추억이 떠올라서 한참 동안 그 사진을 보았다. 한편으로 '요즘 이런 사진을 본 지 오래되었다.'라는 생각을 하면서. 디지털 카메라가 나온 뒤로 필름 사진기가 우리 주위에서 점차 모습을 감추었다. 찍은 사진을 바로 확인할 수 있고 간편하게 컴퓨터에 저장할 수도 있는 디지털 카메라는 '디카'라는 애칭과 함께 젊은 사람들이 즐겨 사용하는 물건이 되었었다. 하지만 요즘은 이 디카 또한 점차 그 모습을 감추고 있다. 휴대폰 카메라의 기능이 좋아져서 불편하게 휴대폰, 카메라 두 개를 들고 다닐 필요 없이 웬만하면 휴대폰 카메라로 사진을 찍는다. 찍은 사진을 바로 확인할 수 있을 뿐만 아니라 컴퓨터를 통하지 않아도 그 자리에서 바로 휴대폰을 이용해 다른 사람에게 보낼 수도 있기 때문이다. 사진기 하나만 보아도 세상은 점점 편해지는데 사람들은 그만큼 행복해졌는지 모르겠다.

2 듣고 맞는 것을 고르십시오.

여자 : 여보세요? 영민 씨, 지금 어디세요?

남자 : 사무실에서 막 나가려던 참이었어요.

여자 : 죄송해서 어떡하죠? 제가 오늘 일이 생겨서 1시간쯤 늦을지도 모르겠어요.

남자 : 괜찮습니다. 저도 그 시간에 맞춰 가겠습니다. 그럼, 8시에 봐요.

3 듣고 이어지는 말을 고르십시오.

여자 : 지난번에 회의에서 얘기된 내용을 정리해 봤는데 한번 검토해 주세요.

남자 : 제 메일로 그 파일을 보내주시겠어요?

여자 : 그럴게요. 어, 이상하다. 지난번에 분명히 저장을 해 놨는데 파일을 찾을 수 없네요. 뭐가 잘못된 게 아닌지 모르겠어요.

5과

1 듣고 이어지는 말을 고르십시오.

여자 : 저희 주방을 구경시켜 드릴게요. 이건 보통 냉장고, 이건 김치 냉장고, 거기에다가 이건 먹던 반찬을 넣어 두는 반찬 냉장고예요.

남자 : 김치 냉장고라고요? 와, 대단하네요. 한번 구경해도 돼요?

여자 : 되고말고요. 오래 된 김치도 있고 며칠 전에 담근 김치도 있어요.

남자 : 한국 사람들이 김치를 좋아하는 것은 알고 있었지만 김치 냉장고까지 있는 줄은 몰랐어요. 맛있는 김치 냄새를 맡으니까 침이 도네요.

2 듣고 대답하십시오.

어제 한국 친구들과 근처의 공원에 놀러 갔다. 처음에는 가볍게 산책이나 할까 하고 갔는데 거기서 우연히 만난 사람들과 축구를 하게 됐다. 오랜만에 열심히 땀을 흘리며 공을 따라 다녔지만 아쉽게 우리 팀이 졌다. 게임이 끝난 후에 그 사람들이 같이 식사를 하자고 해서 근처 식당으로 가나 보다고 생각했다. 그런데 한 10분 후에 하얀 가방을 든 사람이 오토바이를 타고 와서 짜장면과 만두를 내려놓고 가는 것이 아닌가. 공원까지 음식을, 그것도 단 10분 만에 배달해 주다니. 한국의 인터넷 속도 못지않게 빠른 배달 속도에 다시 한번 놀랐다.

3 듣고 중심 내용을 고르십시오.

내가 살고 있는 곳은 서울의 변두리. 대형 마트가 없지만 생활에는 아무 불편이 없다. 우리 동네 입구에는 오후마다 파란 트럭에 야채와 과일을 가득 싣고 아저씨가 장사를 하러 온다. 그 아저씨 덕분에 나는 멀리까지 장을 보러 갈 필요없이 언제든지 싸고 싱싱한 야채와 과일을 살 수 있다. 그리고 내가 특별히 필요한 것이 있을 때는 아저씨께 부탁을 드리기만 하면 신선한 것으로 우리집까지 가져다주신다.

8과

1 듣고 이어지는 말을 고르십시오.

남자 : 이번 달에 전화 요금이 생각보다 많이 나와서 놀랐어요.

여자 : 왜요? 전화할 데가 많았나요?

남자 : 동창회 모임이 있어서 전화도 자주 하고 특히 문자를 많이 보내고 해서 그런가 봐요.

여자 : 이번 기회에 휴대폰을 최신폰으로 바꾸는 게 어때요? 최신폰의 경우에는 인터넷이 되는 곳에서

는 문자를 아무리 많이 보내도 무료거든요.

2 듣고 대답하십시오.

'저녁의 음악 산책' 다음 사연은 호주에 유학 중인 이성미 씨가 보내 주신 글입니다.

저는 호주에 온 지 한 달밖에 안 된 유학생입니다. 처음 하는 외국 생활이라 어려운 게 많은데 하루 일과를 마치고 집에 돌아와 한국에서 듣던 이 방송을 들을 수 있어서 얼마나 힘이 되는지 몰라요. 처음 컴퓨터를 이용해 한국에서 못지않게 깨끗한 방송을 듣게 되니 반갑기도 하고 놀랍기도 했습니다. 오늘은 한국에 계신 엄마의 생신입니다. 엄마가 자주 듣는 방송을 통해 축하의 말을 드리고 싶어서 글을 보냅니다. '엄마, 아침에 영상 통화할 때 왠지 눈물이 나서 얘기 못했어요. 저는 여기에서 공부도 열심히 하고 잘 지내고 있으니까 너무 걱정하지 마세요. 엄마, 사랑해. 그리고 생일 진심으로 축하드려요~!'

외국에서 엄마를 생각하는 마음을 담아 글을 보낸 이성미 씨가 신청하신 곡을 들려 드리겠습니다.

3 듣고 빈칸에 알맞은 말을 쓰십시오.

전화기가 꺼져 있어 소리샘으로 연결 중입니다. (연결된 후에는) 통화료가 부과됩니다. 메시지를 (남기시려면) 1번, 연락 번호를 (남기시려면) 2번을 눌러 주십시오. 지역 번호와 (연락 받을) 전화번호를 (누른 후) 별표나 우물 정자를 눌러 주십시오. 저장 되었습니다. (이용해 주셔서) 감사합니다.

11과

1 듣고 맞는 그림을 고르십시오.

가까운 사람이 입원했을 때 문병을 가게 된다. 하지만 많은 문병객 때문에 환자가 피곤해질 수도 있고 환자가 자기의 아픈 모습을 다른 사람에게 안 보이고 싶어할지도 모른다. 그러니까 문병을 갈 때는 면회 시간을 지키도록 해야 하고 환자의 병이 어느 정도 좋아진 후에 가는 것이 좋다. 또한 면회 시간은 짧게 하고 병실에서의 대화는 조용히 해야 한다.

2 듣고 이어지는 말을 고르십시오.

(1)

남자 : 우리 같이 영화 보는 거 참 오랜만이지?

여자 : 그래! 이 영화 재미있다고 해서 얼마나 보고 싶었는지 몰라.

남자 : 참, 영화 시작하기 전에 휴대폰 꺼 놓아야 되는데. 넌 껐어?

(2)

여자 : 아직 담배 안 끊으셨어요?

남자 : 끊어야 한다고 생각은 하는데 쉽게 안 되네요.

여자 : 요즘은 마음 놓고 담배 피울 수 있는 데가 점점 줄고 있잖아요.

(3)

여자 : 좀 늦었네요. 아침에 무슨 일 있었어요?

남자 : 누가 제 차 뒤에 차를 세워 놓았는데 연락처를 안 써 놓아서 차 주인을 찾는 데 시간이 좀 걸렸어요.

여자 : 그랬군요. 차 주인이 와서 뭐라고 하던가요?

3 듣고 질문에 대답하십시오.

여자 : 감사합니다. 가나 병원 예약 센터입니다. 뭘 도와 드릴까요?

남자 : 제가 내일 예약이 되어 있는데요. 내일 가기가 어려울 것 같아서요.

여자 : 죄송하지만 진료카드 번호나 주민등록번호 좀 알려 주시겠습니까?

남자 : 진료카드 번호가요, 532498번인데요.

여자 : 네, 확인 감사드립니다. 김준수고객님 4월 3일 1시 30분에 내과 예약되어 있으시네요. 취소해 드릴까요?

남자 : 아니요, 취소하지 말고 예약을 다음 주 금요일 오후로 바꿀 수 있을까요?

여자 : 네, 다음 주 금요일 오후 2시에 가능합니다. 그때 오세요.

14과

1 듣고 내용과 맞지 않는 그림을 고르십시오.

여자 : 요즘은 남자들도 집안일을 많이 하는데 어떠신가요?

남자 : 아내도 같이 일을 하니까 혼자서 집안일을 하는 건 무리예요. 아내가 힘들지 않게 목욕탕 청소랑 쓰레기 버리는 것은 제 담당이고요. 일요일 아침은 가족을 위해서 직접 식사 준비도 하는걸요.

2 듣고 무엇에 대한 내용인지 맞는 것을 고르십시오.

(1)

남자 : 결혼한 지 1년 넘었지? 아이는 언제쯤 낳을 거야?

여자 : 글쎄. 생각 중이야. 아이가 생기게 되면 내가 직
　　　장을 그만두거나 맡길 곳을 찾아보거나 해야 하
　　　는데 그게 그리 간단한 문제가 아니잖아.

남자 : 맞아. 뉴스에 의하면 아이 한 명 키우는 데 돈이
　　　일억 이상 든다더라.

(2)

　요즘 독신이 증가하고 있다. 요즘은 30대를 훨씬 넘
긴 미혼자들을 주위에서 쉽게 볼 수 있는데 특히 좋은
직장을 가진 30세 이상의 미혼 여성들은 과거 세대처럼
결혼을 꼭 해야 하는 거라고 생각하지 않는다. 마음에
들지 않는 배우자와 결혼을 하는 것보다는 편하게 혼자
서 사는 게 낫다고 생각하는 것이다. 자녀 교육에 드는
노력과 비용을 모두 자신의 경력을 쌓고 인생을 즐기는
데 쓸 수 있으니까 오히려 독신 생활이 더 좋다고 생각
하기도 한다.

3 듣고 질문에 대답하십시오.

　저희는 결혼한 지 10년 된 부부입니다. 남편은 일 때
문에 부산에서 혼자 지내고 있고 저는 서울에서 직장
생활을 하면서 아이들과 살고 있습니다. 남편이 부산에
서 혼자 지낸 지는 1년쯤 됐는데요. 작년에 남편이 일
때문에 부산으로 가게 되면서 어쩔 수 없이 주말 부부
가 됐습니다.

　처음에는 가족 모두 부산으로 이사를 갈까도 했지만
저도 직장을 그만두고 싶지 않았고 아이들 학교 문제도
있어서 우선 남편 혼자 내려가기로 했습니다. 처음에는
잘 적응하는 것 같았는데 요즘 남편이 무척 힘들어하는
듯합니다. 건강도 예전보다 안 좋아진 듯하고요.

　그래서 요즘 고민이 많습니다. 아무리 힘들더라도
가족이라면 모여서 살아야지 떨어져 살아서는 안 된다
는 생각도 들고요.

17과

1 듣고 관계가 있는 날을 보기 에서 골라 쓰십시오.

(1)

　이것은 60번째 생일을 축하하는 날로 회갑이라고도
한다. 옛날에는 60년을 살면 아주 오래 살았다고 생각해
서 큰 잔치를 하곤 했다. 그렇지만 요즘에는 특별히 장
수했다는 생각이 없어서 잔치를 생략한다. 그 대신 외국
여행을 하거나 가족들만 모여서 식사를 하거나 한다.

(2)

　아기의 첫 번째 생일이다. 아이에게 새 옷을 입히고,
쌀·떡·국수·과일 등 음식에다가 책이나 연필·실
등이 놓인 큰 상을 차려 준다. 그리고 아이의 장래를
알아 보기 위해 아이에게 상 위의 물건을 아무 것이나
잡게 하는 '돌잡이'를 한다.

(3)

　가족 중에 한 분이 돌아가시면, 돌아가신 날 저녁에
가족과 친척들이 모여 음식을 차려 놓고 절을 하고 정
성을 표시하는 날이다. 한자를 사용하는 나라에서는 설
날이나 추석에 드리는 이 의식을 차례라고 부른다.

(4)

　한국의 대표적인 명절로 음력 8월 15일이다. 한가위
라고도 하고 대부분의 사람들이 선물을 가지고 고향에
계신 부모님을 찾아뵌다. 새 쌀로 송편이라는 떡을
빚고 햇과일 등 음식을 차려 놓고 차례를 지낸다.

2 듣고 이어지는 대답으로 알맞지 <u>않은</u> 것을 고르십시오.

(1)

여자 : 김 과장님 내일부터 휴가라면서요? 집에 무슨
　　　일 있으세요?

남자 : 아니요. 결혼기념일이라서 집사람하고 여행 가
　　　려고요.

(2)

여자 : 얘기 들었어? 영철이 아버님이 어제 저녁 때 돌
　　　아가셨대.

남자 : 응, 알고 있어. 그런데 나는 회사 출장이 있어서
　　　장례식에 못 갈 것 같은데 어떡하지?

3 듣고 질문에 대답하십시오.

　한국 사람들이 생일이면 꼭 먹는 음식이 있다. 바로
미역국이다. 그런데 왜 생일엔 꼭 미역국을 먹을까? 사
실 미역국처럼 한국 사람들이 즐겨 먹는 음식도 없다.
보통 때도 자주 먹는 미역국이지만 특별히 아이를 낳고
나서 먹는 미역국은 출산으로 힘들었던 산모의 몸을 건
강하게 해 주는 음식이다. 또 생일에 먹는 미역국은 나
를 낳을 때 고생하셨던 어머니를 생각하고 감사한 마음
을 갖게 하는 음식이기도 하다. 이렇게 미역국이 건강
에 좋으면서도 좋은 의미를 갖는 음식이기는 하나 절
대로 안 먹는 날이 있다. 바로 시험 보는 날인데 중요
한 시험을 앞두고는 보통 미역국을 먹지 않는다. 미역
이 미끄러운 음식이라서 시험에서 미끄러져 떨어질지
도 모른다고 믿기 때문이다.

20과

1 듣고 질문에 대답하십시오.

남자 : 직장 생활한 지 3년이 다 돼 가는데 모아 놓은 돈도 없고 월급에서 카드 값 내고 나면 남는 돈도 없고. 이제부턴 돈 좀 아껴 써야겠어. 그래서 적금 하나 들까 해.

여자 : 돈을 모으자면 적금을 드는 것도 좋지만 우선 들어오고 나가는 돈을 관리하는 게 더 중요한데……. 너 가계부 써?

남자 : 아니, 전에 썼었는데 쓰다가 귀찮아서 그만둬 버렸어. 쓰는 데 시간도 걸리고 별로 관리도 안 되는 것 같아서.

여자 : 처음엔 좀 귀찮더라도 계속 쓰다가 보면 돈을 좀 덜 쓰게 될 거야.

남자 : 그것도 좋은데 우선 결심한 것부터 시작해 봐야겠어.

2 듣고 내용과 같은 것을 고르십시오.

(1)

　　인터넷으로 쇼핑하는 사람들이 많아졌다. 돈과 시간을 절약할 수 있고 다른 사람의 방해를 받지 않고 마음대로 쇼핑할 수 있기 때문이다. 그런데 인터넷으로 물건을 사고 나서 실망할 때가 종종 있다. 배달된 물건이 사이트에서 보고 주문했던 것과 달라서이다. 물건을 직접 눈으로 보고 사지 않기 때문에 생기는 문제다. 그런데 이런 문제를 해결하기 위해서는 물건을 사기 전에 상품평을 보는 게 좋다. 상품평은 물건을 산 후에 직접 써 본 구매자들이 쓴 거라서 그 상품을 구입할까 말까 망설이는 사람들에게 도움이 된다.

(2)

남자 : 물가가 너무 올랐어요. 식당들도 음식 값을 다 올려서 점심 먹는 것도 부담이 돼요.

여자 : 그래서 그런지 요즘 점심에 도시락을 먹는 직장인들이 많아졌대요.

남자 : 도시락 먹는 건 좋은데 날마다 도시락 가지고 다니자면 좀 불편하지 않을까요?

여자 : 요즘 편의점에서 파는 도시락 먹어 본 적 있어요? 값도 싼 데다가 맛도 괜찮아서 인기 있는 모양이더라고요.

남자 : 그래요? 그럼 한번 먹어봐야겠네요. 그리고 도시락을 먹게 되면 점심시간에 여유가 좀 생기니까 남은 시간을 이용해서 운동이나 독서도 할 수 있겠는데요.

(3)

남자 : 못 보던 카메라네. 새로 산거야? 좋아 보인다.

여자 : 응. 이거 그동안 모아 두었던 카드 포인트로 산 거야.

남자 : 뭐? 카드 포인트로 카메라를 다 샀다고? 도대체 무슨 카든데?

여자 : 나는 이 카드 저 카드 쓰지 않고 카드 하나만 쓰거든. 그러다 보면 포인트가 꽤 쌓이더라고.

남자 : 그래? 그럼 나도 이제부터 카드 하나만 정해 놓고 써야겠다.

여자 : 그런데 포인트도 쓸 수 있는 기간이 있으니까 주의해야 해. 잊어버리고 있다가 포인트가 다 사라져버릴 수도 있어.

23과

1 듣고 맞는 그림을 고르십시오.

남자 : 오랜만에 자전거를 타 보니까 어때요? 힘들지 않아요?

여자 : 힘들기는요? 한강변에서 자전거를 타니까 서울 구경도 할 수 있고 좋네요.

남자 : 운동도 할 겸 기분 전환도 할 겸 가끔 타는데 기분이 그만이에요.

여자 : 정말 강가를 달리다 보니까 답답했던 마음이 시원해지는 것 같아요.

남자 : 이제 좀 쉬었으니까 다시 타 볼까요?

2 듣고 맞으면 O, 틀리면 X 하십시오.

남자 : 밖에 오래 서 있어서 추웠을 텐데 뜨거운 떡국 좀 드세요.

여자 : 기다리는 동안에는 좀 춥고 힘들었지만 바다 위로 해가 뜨는 모습이 너무 멋있어서 고생한 걸 다 잊었어요. 영수 씨 덕분에 멋있게 새해를 시작했습니다.

남자 : 날씨가 어떠냐에 따라 보지 못할 수도 있는데 다행이었어요.

여자 : 여행도 할 겸 새해 시작도 잘해 볼 겸해서 왔는데 안 왔더라면 후회할 뻔했어요. 다른 친구들에게도 같이 오자고 할 걸 그랬어요.

남자 : 떡국이 다 식겠네요. 어서 드세요.

3 듣고 질문에 대답하십시오.

　　지난 주말에는 친구와 함께 춘천에 다녀왔습니다. 전철로 춘천까지 갈 수 있어서 편하게 갈 수 있었습니다. 서울에서 춘천까지 두 시간이 걸리지 않았습니다. 전철 안에는 젊은 사람들뿐만 아니라 나이 드신 분들도 있었습니다. 바깥 경치도 보고 친구와 이야기도 해 가면서 가다 보니까 어느새 춘천역에 도착했습니다. 아직 3월이어서 그런지 좀 춥고 안개가 많이 끼어 있었습니다. 친구가 춘천에는 강이 있고 호수가 많아서 원래 안개가 자주 낀다고 했습니다.

　　우리는 소양호라는 호수에 가서 배를 타고 청평사라는 절에 갔습니다. 안개 낀 호수의 경치는 너무 멋있었습니다. 배에서 내린 후에 산을 좀 올라가니까 절이 있었습니다. 절도 구경할 겸 사진도 찍을 겸해서 근처에서 산책을 한 후에 우리는 춘천 시내로 돌아와 닭갈비를 먹었습니다. 춘천의 유명한 음식인 닭갈비를 본고장 춘천에서 꼭 먹고 싶었기 때문입니다. 서울에서 먹을 때보다 왠지 더 맛있는 듯했습니다.

　　오후에는 춘천 애니메이션 박물관 구경을 하고 서울로 왔습니다. 하루 동안의 여행이라서 시간은 길지 않았지만 기분전환이 되었습니다. 춘천은 한 번쯤 가 볼 만한 도시입니다. 그리고 구경할 데가 많으니까 여기저기 구경하려면 아무래도 좀 일찍 출발하는 것이 좋을 것 같다는 생각을 했습니다.

26과

1 듣고 관계있는 말을 골라 쓰십시오.

(1)

여자 : 차를 한 잔 마시고 싶은데 컵은 어디에 있나요?

남자 : 우리 모임에서는 환경도 살릴 겸 절약도 할 겸해서 일회용 컵을 사용하지 않고 개인용 컵을 가져와서 사용해요.

여자 : 준비하라는 말은 들었는데 깜빡 잊었어요. 다음에는 꼭 가지고 와야겠네요. 걱정만 할 게 아니라 작은 것이라도 실천하는 건 중요하지요.

(2)

여자 : 저는 하늘에 별이 이렇게 많은 줄 몰랐어요. 서울에서는 이런 것을 본 적이 없어요.

남자 : 서울뿐만 아니라 큰 도시의 밤하늘에는 별이 많지 않아요. 많지 않은 게 아니라 공기가 나쁜 탓에 보이지 않는 거지요.

여자 : 원래는 그렇지 않았을 텐데. 자연은 점점 없어지고 자동차며 사람은 점점 많아지다 보니까 그렇게 된 거겠죠?

(3)

여자 : 얼마 전 환경에 관한 영화를 보았는데 많은 사람들이 봐야 할 영화인 것 같아요.

남자 : 어떤 내용이었는데요?

여자 : 환경 문제로 지구의 기온이 높아지고 이것 때문에 생기는 날씨 변화며 여러 가지 문제점 등을 보여 주는 영화였어요. 이대로 가면 몇십 년 후에는 더 큰 문제들이 생길 거라고 하며 지금이 우리가 환경 문제 해결을 위해 노력할 때라고 했어요.

2 듣고 질문에 대답하십시오.

　　세계의 인구가 드디어 70억 명이 넘었다. 12년 만에 10억 명이 늘어난 것이다. 70억이 넘는 사람들이 살아가기 위해서는 많은 식량이 필요하다. 따라서 사람들은 먹기 위해 셀 수 없을 정도로 많은 동물들을 키우고 있다.

　　그러나 이 동물들을 키우기 위해서는 많은 곡식과 물, 땅이 필요하다. 그리고 이 동물들은 사람들이 먹는 것보다 훨씬 더 많은 곡물을 먹는다. 소고기 1kg 얻기 위해 소에게 12kg 이상의 곡물을 줘야 하는데 다시 말하면 적은 양의 고기를 얻기 위해 더 많은 양의 곡식이 필요하다는 말이다. 동물을 키워 식량 문제를 해결한다는 게 더 많은 식량을 없애는 결과를 가져오는 것이다.

　　물론 사람들이 고기를 먹지 않든지 아니면 최소한의 고기만 먹든지 하면 이런 문제를 한 번에 해결할 수 있을지도 모른다. 그러나 현실은 반대로 가고 있다. 한 사람이 먹는 고기의 양이 꾸준히 늘고 있기 때문이다.

3 듣고 이어지는 말을 고르십시오.

(1)

여자 : 못 보던 가방인데 새로 사셨나 봐요.

남자 : 지난번에 이 근처에서 벼룩시장 할 때 산 거예요. 옷이며 생활용품이며 쓸 만한 물건들이 많았어요.

여자 : 벼룩시장이요? 재미있었겠네요. 저는 그런 거 하는 줄도 몰랐는데……

(2)

여자 : 공기 좋은 곳에 오니까 약도 안 먹었는데 감기가

나은 것 같아.

남자 : 하긴 요즘 감기 환자가 많은 것도 공기가 안 좋
아진 탓일지도 몰라.

여자 : 도로를 내거나 건물들을 지으면서 이런 숲들이
없어지는 게 안타까워.

29과

1 내용과 맞지 않는 것을 모두 고르십시오.

남자 : 이번 주말에 좋은 계획이 있으세요?

여자 : 제가 좋아하는 가수 콘서트에 갈 거예요.

남자 : 표는 예매하셨어요?

여자 : 네, 표를 사느라고 힘들었어요. 지난번처럼 못
살까 봐서 걱정했는데 다행히 살 수 있었어요.

남자 : 그렇군요. 아닌 게 아니라 저도 지난번에 가고
싶은 공연이 있었는데 표가 빨리 매진되는 바람
에 못 가고 말았어요. 그렇게 빨리 매진될 줄은
몰랐는데.

여자 : 그렇다니까요. 인기 가수 공연은 그런 경우가 많
답니다.

2 듣고 질문에 대답하십시오.

　저의 취미는 한국말 공부하는 것과 한국 드라마를 보
는 것입니다. 한국 드라마는 내용도 재미있고 배우며 음
악이며 다 마음에 듭니다. 한국 드라마를 좋아하다 보니
까 한국말도 공부하게 되었습니다. 자막 없이 드라마를
보는 것이 저의 목표입니다. 이제 한국말 공부를 시작한
지 5년이 다 돼 갑니다. 처음에는 너무 재미있어서 열심
히 했지만 중간에 실력이 좋아지지 않아서 슬럼프에 빠
진 적도 있었습니다. 하지만 당시에 보던 재미있는 드라
마 덕분에 다시 흥미를 찾았습니다. 오늘은 요즘 제가
좋아하는 드라마를 하는 날입니다. 다음 내용이 궁금해
서 일주일 동안 기다렸습니다. 저는 저녁 시간에 좋아하
는 드라마를 보면서 하루의 피로도 풉니다.

リーディング 訳

私たちのそばから消えていくものたち

　私たちは数多くの変化の中で生きています。私たちも知らない間に多くのものが変化しており、今目の前にあるある物たちが何年か後にはこの世界から消えているかもしれません。このような急速な変化は私たちをときめかせる反面、名残惜しさを与えたりもします。私たちのそばから消えていくものたち、どんなものがあるでしょうか。

　それぞれの町で人々が行き来する道端に置かれていた赤い郵便ポスト。

　最近ではこの郵便ポストを見つけるのは容易ではありません。直筆の手紙やカードの代わりに早くて便利なEメールや電子カード、テキストメッセージで安否を伝える人が多くなったためです。書いたり消したりを何度もして、何度も読み直した後で切手を貼り、どきどきしながら郵便ポストへ手紙を入れた記憶のある人ならば、だんだんとなくなる郵便ポストは名残惜しいでしょう。

　バス停の近くで簡単に見つけられた公衆電話も、いつからかあまり見られなくなりました。家で有線の電話を使わない人も増えてきましたし。大人も子どもも皆持つようになった携帯電話が有線の電話の役割を代わりにするようになったのです。特に携帯電話はその機能がとても多様で長所が多いため、有線電話はじきに完全に消えてしまうかもしれません。

　私たちの周りで新しく生まれたり消えたりするものたち。新しいものがすべてよいというわけではなく、昔のものがすべて捨てなければならないものでもないでしょう。利便性を追求し、昔のものを捨ててしまったらどうなるでしょうか。新しいものを受け入れながら昔のものも守ることができるよい方法はないでしょうか。

コングリッシュとチムヂルバン

　コングリッシュ

　私はカナダから留学に来た学生だが、数ヶ月前紹介で韓国の彼女と出会った。ところで私の彼女、ユンソは英語がかなり上手なほうだ。特に彼女は話すとき韓国式の英語をたくさん使うのだが、聞くたびに本当におもしろい。

　昨日もユンソがピンクの運動服を着てきたので、とてもよく似合うと褒めてあげた。そうするとユンソが「このチュリニン、昨日アイ・ショッピングをしていたら30プロDCして一着買ったのよ。最近TVでCM広告しているものよ。」と言った。私はユンソの言葉の中の変な英語をぶつぶつとつぶやくとユンソがお腹を抱えて笑った。それから私にいった言葉が「あなた、コングリッシュをちょっと勉強しないといけないみたいね。」というではないか。

　チムヂルバン

　私は中国からきた技術研修生だ。はじめてソウルのような大都市で生活することになり、高層ビルや混雑している街にはまだ慣れない。それで道を歩いていたら夢中で看板をみたりする。○○ノレバン、○○モリバン、○○PCバン、なぜこんなに「バン」が多いのか。私はこの「バン」を見物したくて一日はPCバンに行きゲームをし、モリバンに行って髪の毛を切り、ソジュバンに行って韓国人の友だちと一杯やったあとで、最後にチムヂルバンに行ってみた。バンは非常に多いが、やはりチムヂルバンが一番気に入った。お風呂に入って寝転んでいると、本当に楽だった。今度中国から友だちが来たら、もう一度ソウルの「バン」を巡礼したい。

短い文、深い考え

　美しい締めくくり

美しい締めくくりは

生きることに感謝することである。初心に帰ることである。

美しい締めくくりとは「下ろす」ことである。

美しい締めくくりとは「空白」である。

許しであり、理解であり、慈悲である。

美しい締めくくりは

いつでも立ち去る用意ができていることである。

ボッチョン『美しい締めくくり』より

大切なことは目に見えない

今私たちが見ているものは、
ただの表層にすぎない。
重要なものは目に見えない。
人があるものを正確に見ることができるのは、
心で見るときだけである。
サン・テグジュペリ『星の王子様』より

10과

エネルギーの節約方法3・3・3

わが国はエネルギーの96%を輸入に依存しており、石油の消費は世界10位です。近年続いている石油価格の引き上げによって、政府では次のような節約運動を国民に奨励しています。

家庭で3
- プラグを抜くこと　・不必要な照明は消すこと
- 適正な室内温度を順守すること

オフィスで3
- 昼食、退勤時間は照明などを消すこと
- 使用しないパソコンは消すこと
- エレベーターの運行を減らすこと

車で3
- 曜日制に参加すること
- 公共交通機関を利用すること
- 経済的な速度を実践すること（60km/h‐80km/h）

共同住宅でのマナー

最近、いくつか苦情があったため、住民の皆さんへ共同住宅での生活において必ず守らなければならないマナーについて、もう一度お願い申し上げます。

- 玄関の前や階段など共同部分に物（自転車、新聞等）やごみを置かないでください。他の住民の通行の妨げになり不快感を与える可能性がありますので、物やごみを置いている方は早いうちに片付けてください。
- 上下階での騒音で苦情がくることが多いです。夕方にはピアノの練習などはつつしんでいただき、ランニングマシーンの使用やゴルフの練習の際には、騒音が発生しないようにしてください。音響機器とテレビの音量をあまり大きくせずに、小さなお子さんが家の中で走らないように注意してください。

13과

「ドルリムチャ」を使います。

カン部長：クリスさん、いらっしゃい。

クリス　：こんにちは、このように招待してくださってありがとうございます。これ、つまらないものですが……。

カン部長：手ぶらできてもいいのに、こんな物まで買ってきてくださって。そうだ、私の家族を紹介します。こっちは私の妻で、長男ヨンジュン、2番目のヨンイン、末っ子のヨンソです。

クリス　：お会いできてうれしいです。私はクリスといいます。ところでヨンジュン、ヨンイン、ヨンソ、子供たちの名前がとても似ていますね。

カン部長：あ！韓国では名前をつけるとき「ドルリムチャ」を入れてつけるんですが、うちの子供たちは「ヨン」という字が「ドルリムチャ」だからなんですよ。

クリス　：そうなんですか。名前のつけ方まであるなんて知りませんでした。ちょうど私も韓国の名前をひとつつけようかと思っていたところなんですが、ひとつつけていただけますか。わたしも「ヨン」という字をドルリムチャとして使いたいんですが……。

カン部長：ははは、息子がもう一人いたらつけようと思っていた名前が、あることはあるんですが。「ヨンウ」はどうですか？気に入りませんか？

クリス　：気に入らないだなんて。「ヨンウ、ヨンウ」発音もしやすいですし、感じもいいですね。いい名前をつけてくださってありがとうございます。

16과

夫の携帯の中のあなたの名前は？

　テニスコートの脱衣室で服を着替えていたら、40代半ばの後輩が置いていった携帯電話がプルルルと鳴った。ちらっと画面をみると「私のダーリン」と書いてあった。それを見て笑っていると、ちょうど後輩が来たので、私は「まだ新婚なんだな。私のダーリンってなん

だ、くふふふ」とからかった。すると後輩がかっとして尋ねた。「ダーリンにはダーリンというでしょう？なんて呼ぶんですか？じゃあ先輩は携帯電話に奥さんをなんと登録しておいたんですか？」「俺？ 家内だよ。」と言うと、なぜか私がもっとバカになったような気分になった。ならば、他の人は配偶者や恋人を何と呼ぶのだろうか。急に気になってツイッターを通してアンケートをしてみた。結果はぴったり2つの派に分かれた。妻の名前を「家、家内、○○のお母さん、金○○（実際の名前）、嫁」などと登録する、私と同じような部類が半分。「私の女神様、王妃殿下、ソウルメイト」などを登録する人が残り半分だった。その反面、女性は大部分恋愛をしているときのように夫の愛称が携帯電話に登録されていた。

　恋愛時代は恋に盲目になり、あらゆる照れくさいことをする。しかし、中年を過ぎてまでこのようなことをする夫婦がいるなんて……。ならば、私も妻の名前を人気の女性歌手の名前にしようかどうか悩んで、テニスの集まりの友だちにアイディアを一つずつ言ってみろと言うと、「わたしのダーリン」が言った言葉。「先輩、なにをそんなことで悩んでいるんですか？ そんなもの嫁が勝手に入力しておくものじゃないんですか。私は携帯電話の名前をどうやって変えるのかも知りませんよ」。えぇ！そういうことだったの？

19과

私だけのブランド品

　Rの時計、Lのカバン、Bの靴、Tのアクセサリー……。私たちが一般的にブランド品と呼ぶ物は素敵なデザインと洗練された色で多くの人々に愛されている。しかし、その愛が行き過ぎているのだろうか。我も我もと、そのブランド品を複製した「偽ブランド品」でも持ちたいという気持ちで買っているうちに「3秒バッグ」という恥ずかしい言葉まで生まれた。同じものを持った人に一日だけで何回も出くわしたら、少し恥ずかしいことではないだろうか。

　それならばブランド品とはどんな物なのだろうか。ブランド品の辞典的な意味は「優れた物、もしくは作品」である。もう少し詳しく説明すると、腕のよい職人たちが手作業で誠心誠意作った貴重な物である。つまり、機能やデザインの面で素晴らしい物であって、無条件に高

い高級ブランドを意味するものではないのである。

　この前、祖母が亡くなり母が祖母の遺品を整理しているときれいな絹の布切れがいっぱいに入った箱を発見した。それを発見するや否や母と私はまるで少女のように感嘆の声を上げ触りはじめた。祖母が一生をかけて集めてきた貴重な布。母はそれを一つ一つなでながら微笑んだり涙を浮かべたりした。

　それから数日後、母は私の前にきれいなポーチと財布を差し出した。まさしくあの布で作った世界でひとつだけの物。祖母のタンスで数十年の間愛されてきた布で、母が真心を込めて作った物だった。

　あまりにも多様な高級品があふれている今のような時代にはブランドの名前や価格よりも自分だけの個性と大切な思い出がこもった、このような物が本当のブランド品なのではないだろうか。

22과

安東・ハフェマウル

キソプ　：安東のハフェのお面を壁にかけておいたら、飾りにとてもいいですね。

アンソニー：あれですか。取引先のお客さんにもらったプレゼントなんですが、直接買ってきたもののようです。その方の話によると、国宝に指定されたお面だと言っていましたけど。

キソプ　：そうです。私も安東のハフェマウルに一度行ったことがあるんですが、ひと味違う雰囲気でした。それでさらに印象的だったんです。

アンソニー：私は行ったことがありませんが、伝統がしっかり守られているところとして有名だと聞いたんですが、どうやって今までヤンバンの集落がそのまま残ることができたんでしょうか？

キソプ　：河（하）が近くを回（회）っていくという意味で河回という名前が生まれたように、村の三面がナクドン河に囲まれているという地理的な条件のため、戦争のとき、何の被害もなかったそうです。それで200余棟を超える伝統家

屋が昔の姿を維持することができたんでしょう。

アンソニー： キソプさんはうわさどおり百科事典ですね。どうしてそんなに物知りなんですか。

キソプ ：物知りだなんて。安東に行ったとき聞いた話ですよ。

アンソニー： 時間ができたら一度行ってみようかと思うんですが、ハフェマウル以外にも近くにいい場所はあるでしょうか。

キソプ ：もちろんありますとも。陶山書院と安東ダムも有名です。

アンソニー： 安東焼酎はおすすめされないんですか。

キソプ ：それは安東じゃない所でもいくらでも味わえますから、時間だけ作ってください。

25과

韓国の硬貨

　今ポケットのなかに硬貨がいくつくらい入っていますか。お釣りをもらったり、自動販売機で飲み物を買おうと一日何回も出たり入ったりする硬貨。なくてはならない必需品ですが、使用される回数に比べると人々の関心を引いていません。みなさんはいかがですか。今からでも財布の中の硬貨を出して一度じっくり見てみましょう。

　10ウォン玉 にある絵は佛国寺にある国宝第20号の多寶塔です。多寶塔のなめらかな線の中に健康と幸福を願う心が込められています。

　韓国はコメが主食の国です。米粒が見栄えよく実っている50ウォン玉の絵は豊作を祈願する農民の心でしょう。

　100ウォン玉には亀甲船を作ったイ・スンシン将軍の顔があります。国を愛した彼の忠誠心を硬貨の中に刻んであります。

　500ウォン玉の絵は幸運の鳥である鶴です。以前は多く見られましたが、最近では天然記念物として保護されていますね。この中には自然を愛する心と希望が込められています。

これ以外にも亀甲船の絵の5ウォン玉とムクゲの絵の1ウォンもありますが最近はほとんど使われていません。

28과

ピーポーピーポー、大丈夫

　このまえ、授業の時間に韓国語の擬音語と擬態語を習いました。本当に難しくて覚えにくかったのですが、単語がおもしろくてリズムもあったので、口に出してみると、歌を歌っているようでした。その中でも「삐뽀삐뽀（ピーポーピーポー）」という言葉の語感が気に入りました。それで私は最近、毎日「삐뽀삐뽀（ピーポーピーポー）」と言いながら歩いているので友だちが私に「救急車トム」というあだ名をつけてくれました。

　私は韓国語の中で「그냥（別に）」という言葉が好きです。「最近どうしてそんなに憂鬱そうなの？」「別に」週末に電話をかけてきた友だちが「何してるの？」と言ったら「別に、家にいるよ」とも答えます。友だちが「お前、機嫌がいいみたいだな。何かあるの？」、そんな質問をされたときもにやりと笑って「別に」と答えればいいんです。こんな私を見てある人は腹のうちを見せない疑わしい人だと言うかもしれません。しかしその言葉の中に込められた微妙なニュアンスと語感が私の心をすべて表現してくれている気もするし、言うことが思いつかないとき楽に使えていいです。

　それから私は「괜찮아（大丈夫）」という言葉も好んで使います。このまえ、ある友だちがヒールの高いくつを履いて走っていたら転んで、膝から血が出ているにも関わらず大丈夫だ、心配するなと言いました。「괜찮아（大丈夫）」。何だか安心する言葉だと思いました。それから、韓国の歌を聴いたのですがこんな歌詞が私の耳に入ってきました。「どんなに弱く見えても、どんなに幼く見えても私は大丈夫。私は倒れない。私は大丈夫〜」。この歌を聴くと本当にすべてのことが大丈夫になるような気がしました。それで私はこの単語を知ってからつらく大変なことがある度に自分自身に呪文を唱えます。「すべてのことは過ぎ去る。大丈夫。すべてうまくいく」。

사

차

著者

カナタ韓国語学院

1991 年設立の韓国内初の韓国語専門学院。韓国語教育および教材
開発に特化している。
http://www.ganadakorean.com
e-mail:ganada@ganadakorean.com
TEL. +82-2-332-6003

本書は『New 가나다KOREAN for Japanese 中級 2』(2012 年、初版) の
内容の一部を変更し、日本語部分に手を加えたものです。

『New 가나다KOREAN for Japanese』は『가나다KOREAN for Japanese』
の改訂版です。

付属の CD-ROM には MP 3 形式の音声が収められています。

各課に収録された「類型練習」の解答は、日本版オリジナルの解答を、国
書刊行会のホームページからダウンロードできます。

カナタ KOREAN 中級 2

2021 年 10 月 20 日　初版第一刷発行

著　者　カナタ韓国語学院

発行者　佐 藤 今 朝 夫

〒174-0056　東京都板橋区志村 1-13-15

発行所　株式会社　国書刊行会

TEL.03（5970）7421（代表）FAX.03（5970）7427

https://www.kokusho.co.jp

制作：LanguagePLUS (HangeulPARK)
　　　http://www.sisabooks.com/hangeul

編集協力：민소라
装幀：OKAPPA DESIGN
ISBN 978-4-336-07243-6

New 가나다KOREAN for Japanese 中級 2
Copyright©2012 GANADA KOREAN LANGUAGE INSTITUTE
Originally published by LanguagePLUS (HangeulPARK), Seoul in 2012